广东省中华优秀传统文化传承基地成果

广东外语外贸大学校级人文社会科学重点研究基地：

粤港澳大湾区历史文化遗产活化研究中心阶段性成果

艺术设计伦理学

王凯宏 著

人民出版社

目 录

前　言

　　我们已看到，在世界日益兴起的绿色设计、生态设计已开始影响大众的消费价值观。在当今中国社会，艺术设计受到了前所未有的重视。作为设计师、设计教育者，站在社会和人类命运的大背景下，我们不仅获得了巨大的机遇，同时也肩负着特殊的、越来越重的责任。然而，一个明显而普遍的事实是，人们对设计的经济作用的重视，远胜于对其社会学方面功能意义及影响的重视。

　　设计伦理学是设计学所面临的当代课题，该课题在当代的兴起表明当代社会中存在道德缺失的现象或环境。传统设计一直纠缠于"功能"与"审美"的关系，设计师醉心于"美"的世界而与社会严重脱节。事实上，"美"与"道德"并非一对不可调和的矛盾，好的设计应该既是美的也是有助于道德建设的，有助于解决当代社会人类面临的各种危机，因此，审美设计、伦理设计、绿色设计在其终极目标上殊途同归。

　　设计伦理问题的研究有着较强的学科综合与交叉性的特点，涉及经济学、美学、人机工程学、社会学、生态学、方法学等学科，领域广，发展变化快，指向现实中有较大争议的问题。所以本书对现代设计的有关伦理问题进行的思考是非常必要的，其中包括研究设计与伦理学的关系、设计的意义、设计的价值判断、设计师的职责与道德素质和设计定位等问题。设计伦理学的研究将对中国设计健康、持续的发展产生积极的作用。

艺术与道德伦理是人类文明的重要组成部分，其中设计作为人的、社会性的艺术，在中国数千年来一直是作为"成教化，助人伦"的主要手段而存在，不能脱离或者违背道德的发展而发展。在我国历史上有许多涉及艺术伦理思想的阐述，它们主要围绕艺术与伦理道德的关系展开论述。所谓艺术伦理是指艺术活动的各主体应该遵守的伦理原则与规范，它通过一定的机制、途径影响艺术活动并产生具有伦理价值和积极意义的结果。而艺术道德则是指艺术各主体在艺术活动中所应具备的道德品质以及他们作为道德人应有的社会责任，它是艺术活动和艺术作品中所蕴含的体现人的本质力量和内在需求的属性和品质。艺术伦理学是运用伦理学的基本原理和方法，研究不同艺术活动中的道德问题，并揭示艺术活动中道德之形成、发展及其作用的规律之科学。从应然性角度分析，艺术伦理是艺术领域中的伦理，是社会伦理在艺术领域内的体现，它渗透于艺术活动的各个环节。

我们亟待重视和研究如下几方面问题：在我们天天研讨以设计提高商业竞争的战略时，我们也应时常回到设计的原点——设计以人类的长远根本利益为出发点，自觉地珍惜共同的财富，维护自然资源，建立健康、科学的生活方式和一个有益人类的生存和社会发展的人为环境，尽可能地抵制那些有害于人类生存环境的无节制的开发、生产和消费。通过设计，影响、调节人的行为，建立有益于人类共同生活的方式，最终实现维护人类生存系统的目的。

设计师在创建"人造的自然"的活动中应力求遵循人与自然的平等关系原则，树立人类文化价值与自然价值并重的设计价值观；关心不同区域、民族、群体经济平衡发展问题，尤其是为不发达地区的发展和弱势群体提供切实服务。通过设计体现人与人的平等关系，为消除贫富悬殊、创造机会平等而发挥特殊作用。设计在提高国家、企业竞争力的同时不能以人类共同利益为代价；要处理好社会、企业与消费者三者的利益关系，追求商业上的成功显然不是设计的唯一目的。

　　一件产品的使用价值，在任何意义上都应该是设计最起码的目的。美学的质量，是产品核心价值之一，它应体现"真、善、美"一体的精神：科学性、合目的的使用功能价值及社会效益、亲和怡人的造型。无人能否认未来是高技术社会，设计师应谨慎、周密地运用先进的科学技术，在新的生态文化、价值观念下，创造新的产品或新的价值意义，同时设计也应该对其功能和后果进行全面的社会评价和控制。也许这才是设计通往未来之路。设计的社会属性体现了人们永续发展的思想，设计社会学体现了设计学和社会学的交叉融合，是在社会学及社会协同学相关理论的指导下产生的一种新的设计模式。其观念表现为"社会性设计思想"，它要求设计以解决社会性需求为目标，关注弱势群体，关注人类社会、经济和环境的可持续发展。

　　文艺之于道德的意义在于文艺是道德的拯救者，因为文艺是善行的导引者，文艺是灵魂的净化剂，因此，重建道德与重整文艺的努力是一致的。艺术的生活就是道德的源头，回溯道德之源的伦理学就是文艺伦理学，其实也就是美学。反过来说，美学是未来的伦理学，艺术是道德的最好表达形式。建立一门艺术伦理学是必要的、重要的，也是本书研究的主要内容，艺术与伦理的契合为文艺伦理学的存在提供了最为深厚的土壤，文艺之于道德的意义重大。

艺术作为人的、社会的艺术，它与道德、与文化有着极为密切的关系。在中国传统思想文化中，有着丰富的艺术伦理思想。但学界对诸如艺术与道德的关系、艺术道德的社会作用、艺术道德建设等学术问题的研究起步较晚，发展较慢，主要集中在20世纪90年代前后，而将艺术伦理作为特定学科对象的研究则是在20世纪末期才开始萌芽。面对新世纪新形势下在艺术领域内凸显的一系列道德困境，面对艺术与伦理的分裂局面，评析我国艺术伦理研究的现状，寻找和分析其中的主要不足与成因，探究艺术伦理研究在未来的发展趋势，是新时代的呼唤。艺术设计伦理学的最高点，要从设计哲学的角度，探讨人、物、生态环境之间的基本关系入手。从设计长远的发展趋势来看，设计伦理表达了我们人类对环境和自然的敬畏之心，对未来"非物质第三种生活方式"的方向，揭示出设计的实质。设计伦理告诫我们的设计师在改变世界的时候要十分慎重，不能依一时之冲动或仅仅是良好的愿望行事，更不能欺骗自己和他人，设计必须依靠知识，通过研究和应用科学方法来保证设计是有利于人类、有利于世界、有利于环境的。无论我们对设计有着多么独特深刻的见解，"师法自然"才是未来设计的永恒哲学和最高伦理。

第一章　艺术设计伦理学研究的哲学思考

第一节　艺术设计伦理学的基础与现状

在人类社会进行的设计活动中，为了使设计过程合理有序，设计的结果完美地实现其目的，人们通常要遵守一定的原则。实用、经济、美观被认为是设计的三条基本原则。然而，在特定的历史条件下，在人们的价值追求更趋完善的时候，通常的"设计三原则"已不能保证设计目的的完美实现。伦理的介入将会有效地弥补这一不足，从而成为设计的"第四条原则"[①]。

一、关于艺术设计伦理学的概念界定

伦理学是以道德和道德关系为主题进行研究的一门学科，设计艺术伦理学是通过人和社会的伦理意识，运用一定的设计手段，实现人类社会的可持续发展的一门学科。设计艺术伦理学关注设计与人、设计与环境、设计与资源的关系，关注贫困人

---

① 姜松荣:《"第四条原则"——设计伦理研究》，载《伦理学研究》2009 年第 2 期。

口、儿童、残疾人、老人等弱势群体，注重人与自然的和谐发展，主张生态设计、绿色设计，取得人、环境、资源的平衡和协调，设计伦理学是新世纪设计艺术发展的新方向①。罗国杰在《伦理学名词解释》中对艺术道德的界定是："艺术道德是艺术工作者在艺术实践中所应遵循的道德规范和所应具备的道德品质。"②宋希仁等主编的《伦理学大辞典》中对艺术道德的界定与之完全一致③。

　　社会伦理学的基本原则包括不伤害原则、自主原则、平等原则等。而设计伦理是一个庞大的理论体系，它涉及设计活动不同角度和层面。在设计领域中，设计伦理与形式主义的冲突和矛盾是最值得我们关注的现象。例如，现代主义从开始提出"形式服从功能"（form follows function），到后来提出"少则多"（less is more），反映出一整套现代主义的设计伦理和思想意识。但是，这些设计伦理原则后来成为了一种形式主义的东西，发展为形式上的减少主义特征。在 20 世纪 50 年代后期，原来基于民主主义和社会主义动机提出的"形副其实"的设计原则，逐渐演变成以形式追求为中心，伦理性和目的性被取消了，甚至漠视原则，开始背叛现代主义设计的初衷，仅仅在形式上维持和夸大现代主义的某些特征，设计史学中称之为国际主义设计风格。

　　设计，是人们在某一目的的指引下，对这一目的的实现过程、方式、手段进行规划，从而以一种最为合理的方式达成这一目的的实现的工作方式。人类的一切设计活动都是以满足人们的

①　徐丹妮：《设计艺术中的伦理学探究》，载《青春岁月》2012 年第 22 期。
②　罗国杰：《伦理学名词解释》，人民出版社 1984 年版，第 25 页。
③　宋希仁等主编：《伦理学大辞典》，吉林人民出版社 1989 年版。

某种需要为前提和目的的。从宏观的角度来看，人类社会处于不同的发展阶段，其自身与发展的需求也带有明显的阶段性、差异性。从微观来看，不同的人群、不同的个体也有着需求的差别。这就使得为满足人们的需求而进行的设计活动带有明显的历史性和差异性，也就是个性。另一方面，人类无论是作为生物人还是社会人，他们总会具有十分广泛的共同需求，亦即共性。但无论为满足共性需求还是个性需求而进行的设计活动都必须是一种符合目的性的理性行为，必须遵守一定的普遍性规律，这就是设计原则。实用、经济、美观、伦理就是在这一活动中应该遵循的一些规律或者原则①。

二、艺术伦理与艺术道德的关系

谢建明在博士论文《艺术伦理学论纲》中对艺术伦理学概念的界定是："艺术伦理学，简言之，是探讨艺术中的伦理问题。然而，我们又不能把它视之为艺术中伦理现象的罗列。艺术设计伦理学与美学有许多共通之处。"②

所谓艺术伦理是指艺术活动的各主体之行为应该如何的伦理原则与规范，它通过一定的机制、途径影响艺术活动并产生具有伦理价值和积极意义的结果。而艺术道德则是指艺术各主体在艺术活动中所应具备的道德品质以及他们作为道德人应有的社会责任，它是艺术活动和艺术作品中所蕴含的体现人的本质力量以及

---

① 姜松荣：《"第四条原则"——设计伦理研究》，载《伦理学研究》2009年第2期。
② 谢建明：《艺术伦理学论纲》，东南大学出版社1999年版。

内在需求的属性和品质。艺术伦理学是运用伦理学的基本原理和方法，研究不同艺术活动中的道德问题，并揭示艺术活动中道德之形成、发展及其作用的规律之科学。

第二节　艺术设计伦理学国内外研究现状反思

一、中外伦理思想的借鉴与启示

一个国家或一个民族的文化传统必定要影响他们的设计伦理和思想意识。有人说，北欧人认为设计是他们生活的组成部分，美国人以之为赚钱的工具，日本人则认为设计是民族生存的手段。中国文化有伦理道德至上的传统，千百年来中国人生活中的衣、食、住、行，都是富于伦理道德精神的。一旦某种观念成为了伦理道德观念，就会产生巨大的社会影响。既然如此，我们更需要建立自己的设计伦理体系。如果说中国工业设计的发展还令人心存忧虑的话，那么我们的广告设计，也包括产品设计、企业形象设计和环境艺术设计，则充满了消费主义、物质享乐主义和泡沫经济的消极因素。在设计理论和伦理道德观念上我们缺少自己的想法和原则性，设计作为一个职业失去了最重要的东西——设计的道德标准[1]。

用今天的眼光去衡量，中国伦理文化和西方伦理文化无优劣之别，只有特质上的差异，它们各自的优长中同时隐含着缺失。中西方伦理文化虽无优劣之别，但在不同时代，有先进和落后之

---

① 赵洪江：《设计的生命底线——设计伦理学》，载《美术观察》2003 年第 6 期。

分。在中西方伦理价值体系中，精华与糟粕是十分复杂地糅合在一起的。构建新的伦理价值观体系必须从自身引发；以时代精神为坐标；善于向本民族的伦理文化所存有的疾患果敢开刀；在不丢弃民族特色、大力弘扬本民族的伦理文化精华的基础上吸取世界范围内各种文化的精华①。对中西方伦理价值观进行比较的一个难点是，应作全面系统的考察并在动态中分析，不应该是片面、局部和静态中的比附。比较的目的主要不是了解它们之间的相同点，而是辨明它们之间的差异性。探明这种差异性的缘由，带着批判的眼光，毫不留情地审视本民族伦理价值观中的弊端和西方价值观中的偏颇与缺失，在此基础上继承和弘扬自己民族文化精华，吸取西方文化的积极因素，寻求在克服弊端、偏颇与缺失的过程中贯通古今、融合中西的路径。

国外伦理思想中义务与责任相近，西方的责任意识含有较明确的权利和义务相对应的意识。西方的义务概念都具有"道德应当所要求的职责"的含义。西方人的责任意识主要体现在职分角色之中，而在宗法家庭血缘关系中的中国人只有尽人伦角色职责的份儿，没有或少有享有权利的要求。西方人在职分角色中尽责任的同时要求得到相应的权利，这与西方的地理环境决定的商业较早兴盛有关。

20世纪50年代以来，国外伦理学的讨论比较活跃，伦理道德问题成了许多哲学家关注的课题。他们围绕着"人"这个中心，探讨了伦理学的一系列基本问题，诸如道德的基础和实质、道德的阶级性和全人类性、道德的继承性以及道德和科学的关系等。

---

① 邵龙宝：《中西方伦理价值观之比较》，载《西南民族学院学报》（哲学社会科学版）2000年第9期。

恩格斯在《反杜林论》中提到，"一切已往的道德论归根到底都是当时的社会经济状况的产物。而社会直到现在还是在阶级对立中运动的，所以道德始终是阶级的道德"。并指出，各阶级甚至各职业都有自己固有的道德。列宁也明确指出："我们的道德完全服从无产阶级斗争的利益。我们的道德是从无产阶级斗争的利益中引申出来的。"

艺术作为人的、社会的艺术，它与道德、文化有着极为密切的关系。中国传统思想文化包含着丰富的艺术伦理思想。但学界对诸如艺术与道德的关系、艺术道德的社会作用、艺术道德建设等学术问题的研究起步较晚、发展较慢，主要集中在20世纪90年代前后，而将艺术伦理作为特定学科对象的研究则是在20世纪末期才开始萌芽。面对新世纪新形势下在艺术领域内凸显的一系列道德困境，面对艺术与伦理的分裂局面，评析我国艺术伦理研究的现状，寻找和分析其中的主要不足与成因，探究艺术伦理研究在未来的发展趋势，是新时代的呼唤。

新中国成立以来，特别是改革开放以来，中国的经济高速发展，综合国力日益增强，科技教育日新月异。伴随着文化事业的全面发展以及各学科的研究拓展，艺术研究呈现出"百花齐放"的景象。与改革开放前相比，我国学界除了重视对艺术本体的探究外，也开始关注与哲学、美学、社会学、文化学等学科的交叉研究，逐渐形成了诸如艺术哲学、艺术美学、艺术文化学等交叉性学科，形成了一个以艺术为研究核心的学科体系。遗憾的是，在新中国成立后的众多艺术分支学科研究中，艺术伦理却是其中最为薄弱的一个学科，从屈指可数的艺术伦理研究成果就可窥见一斑。从散见的相关论文、论著看，艺术伦理研究尽管取得了一定的理论成就，但还没有引起学界的普遍关注和思考，更没有形成以"艺术伦理"为特定对象的专业学术研究机构。

正因为如此，两千多年来儒家学说教育并培养了一代又一代的志士仁人，无论是在地主阶级上升和发展时期，还是在没落时期，都有许多士大夫从儒家学说中汲取了营养，具有高尚的道德情操，并为中华民族的生存和发展做出了积极的贡献。同时，在德教为先的思想下，形成了中国十分注重道德的伦理文化，使中国被誉为伦理之邦。

二、伦理学界对艺术伦理的研究

伴随着改革开放前进的步伐，20世纪90年代前后，艺术伦理研究开始受到学界关注，唐凯麟、魏英敏、郭建新、郭广银、罗国杰等学者在他们出版的伦理学著作中开始论及艺术与道德的关系。尤为可喜的是，"文艺伦理"作为一个专门的研究对象，文艺伦理学作为一门新的交叉学科在这一时期开始萌发，文艺伦理学专著开始问世：曾耀农的《文艺伦理学》主要从作家、作品的道德以及文艺的政治伦理、宗教伦理、管理伦理等方面探讨文艺道德问题①。文艺活动伦理包括文艺创作伦理、传播伦理、欣赏伦理、批评伦理等。目前关于文艺活动伦理的研究较少。乔山在《文艺伦理学初探》的第三章中，从"马恩文论与文学伦理""关于伦理对文学创作的影响""关于文学与伦理的创作题材"三个层面论述了文学创作与伦理的问题。其中对"道德决定论"的剖析深刻而有力。在该论著的第四章，主要从"传统的道德批评""西方现当代文论的道德观""文学的历史评价

---

① 曾耀农：《文艺伦理学》，百花洲文艺出版社1992年版。

和道德评价"三个方面论述了文学批评与伦理。谢建明在《论艺术创造与艺术伦理》一文中认为，艺术的善首先表现在艺术家的创作意图上[①]。成海鹰在《文学欣赏伦理刍议》一文中对文学创作伦理与文学欣赏伦理作了界定，指出："在文学创作过程中，文学创作伦理是指作家作为创作主体的职业伦理，在文学欣赏过程中，文学欣赏伦理则是指读者作为阅读主体的角色伦理。"[②]实际上，道德责任是贯穿于艺术活动的各个环节的，因而创作伦理、批评伦理、艺术传播伦理都应该是艺术伦理学研究的内容。其中艺术创作作为艺术活动的最基础部分，其道德问题直接影响艺术的传播与批评活动，而艺术批评反过来又影响和促进艺术创作和艺术传播。因而在对艺术批评伦理、创作伦理、传播伦理的研究中，应该注重它们之间的相互区别与联系，避免将三者割裂开来进行单独的研究。

三、艺术设计的境界从功利到伦理

设计艺术是一门实用型艺术。艺术设计作为实用艺术的当代新形式，具有功利的、审美的和伦理的不同价值和境界。相对于绘画、雕塑一类的纯艺术，实用艺术，因其实用，西方有学者将其称作"次要艺术"或"羁绊艺术""小艺术"。实用艺术与纯艺术因其功能方面的不同取向而有诸多差异。实用艺术的本质特征之一是实用与审美的结合或统一，对于这一特征的分析论述实际

---

① 谢建明：《论艺术创造与艺术伦理》，载《南京化工大学学报》（哲学社会科学版）2000 年第 2 期，第 7—8 页。

② 成海鹰：《文学欣赏伦理刍议》，载《长沙理工大学学报》（社会科学版），2008 年第 23 卷第 2 期，第 82—87 页。

上从古希腊罗马时期就开始了。

随着设计艺术的变化，其评价标准已发生了改变，传统型的实用、经济、美观的原则已不能全面指代和解释设计的本质和存在价值；另外，对实用与审美关系的阐释也有必要从原有叙述的层面上，进一步提升到哲学的高度加以认识，即需要重建或更新原有的话语系统，来更真切地认识当代艺术设计的现状以及发展趋势。

设计艺术所具有的功利、审美、伦理三种属性或者说三种境界，实质上又是三种尺度。从"度"的层面上进行分析，可以发现，设计与造物中对实用功能乃至审美、伦理等的把握与追求，具有历史本体论的意义。这三者之间存有一种层次结构和递进关系，由低到高，以功利境界为基础，最终趋达伦理境界。伦理的境界或者"度"在现实中又往往总是作为设计的一种理想和追求而存在。设计艺术从功利迈向伦理的境界之路，实质上是设计艺术的哲学之道。

设计艺术学既是艺术的造物学、造物的审美学，又是造物的伦理学。作为设计和造物的道德哲学，它在表层上涉及以人为本、环境与发展诸问题；在深层上，其表述涉及设计意志的合理性、人作为目的自身的无限价值与设计价值以及设计的自律诸问题。在复杂的社会经济、生产条件下，如何克服唯利倾向而真正从人的需要出发来设计、造物，是一个永久性的问题。

1. 以人为本与环境发展

就设计和造物的目的性而言，"以人为本"并无太大的意义，因为所有设计和造物均是由人做并且是为人服务的。我们在动物园建熊猫馆、企鹅馆，表面上看人遵守着动物的生存规律，为它们提供能与其生存相应的环境条件，但这不是以动物为本，仍然是以人为本，为动物提供类似它们原来的生存条件根本上是为了人，为了人的观赏和利用。

人的需要是无止境的，这种需要起初表现为拥有的需要，拥有之后就会产生高一级的美观乃至舒适、愉悦等方面的需要。如何通过设计来实现和满足这一类的需要，甚至主动地去关注人的这方面的需要，是设计发展的大课题，在这层面上，"以人为本"才具有理论和实践意义。也就是说，要在伦理和道德的层面上去理解和实践"以人为本"这一理念，才具有真正的价值和意义[①]。

设计与造物所面临的另一道德或伦理学问题是环境与发展问题。我们知道，人类的生存与造物都必须依赖自然界，其不仅耗用大量自然资源，而且对自然还有所影响乃至危害，如汽车尾气等烟尘排放对空气的污染，化学制品对水源、土地的污染，等等。在多大的程度上使用自然资源，既是可持续发展问题，又是伦理道德问题。由此，我们发现，人类的设计与造物常处于悖论之中：一方面要节约材料资源，就要更好地设计；另一方面，设计越好，人们就越爱用，更新换代也就越快，浪费就越大。

2. 设计的自律与设计的伦理

设计责任的承担者是设计师，从道德的或伦理学的角度来说，存有为良善人生而设计服务于良善人生两方面的责任或选择。在这里，设计师作为设计主体，他的职责必然决定他所奉行的准则是利他而不是利己。所谓利他，即不是以个人意志而是以普遍意志来从事设计，与纯艺术家的艺术创作完全可以从

---

① 李砚祖：《从功利到伦理——设计艺术的境界与哲学之道》，载《文艺研究》2005 年第 10 期，第 106—107 页。

个人意志出发，抒发自己的情感，表达自己的认识和愿望相反，设计师实际上是一个代言者，代大众之言。在这个意义上，设计师的行动和选择不仅是理性的，而且具有康德所谓"绝对律令"的意味。

当设计师以大众的利益需求为根本，并将大众的利益需求作为自己的利益需求，那么，他服从和选择大众利益需求时，实际上服从和选择的只是他自己。在这里，设计师是道德行动者，是符合所有道德行动者利益的行动者。诚如康德曾指出的那样，当道德行动者思考应该怎样行动时，他们应该将有关自身的利益、特别欲望、个人状况等所有特殊事实抛在一边，而仅专注于那些适用于所有理性行动者本身的事实。

以大众的利益需求为设计的基本出发点，这可以说是设计的自律，是设计师的道德自律、职业自律，也是设计最基本的伦理追求和道德取向。如果说自律是人性尊严与每个理性存有者的基础，那么设计的尊严应是设计师的尊严和设计师作为理性存有者的基础。设计尊严的获得，建立在设计师对设计伦理道德的实践和追求之上，因为，"道德是唯一能使一个有理性者成为目的自身的条件；因为唯有通过道德，他才可能在目的王国中成为一个立法者。因此，道德以及有能力拥有道德的人，是唯一拥有尊严者"①。设计师应在自己的设计实践中，以大众利益为自己的利益诉求，以此作为设计的自律，并在这种自律中获得设计的快乐和尊严，同样亦获得设计师的道德和职业尊严，成为一个为大众而设计的设计师。

---

① [德]康德：《道德形而上学的基础》，载罗伯特·保尔·沃尔夫《哲学概论》，广西师范大学出版社2005年版，第192、193页。

第三节　艺术设计与设计伦理学

美国的设计家普罗斯说，人们总以为设计有三维：美学、技术和经济，然而，更重要的是第四维：人性。建立"自然、人性、平衡、和谐"的设计观，是当今设计的核心理念。艺术设计的发展趋势应该摆脱以破坏环境资源为代价，换来所谓的"群体人的标准化行为，建立"以人为本""绿色设计"的设计理念，实现人性、和谐、平衡的发展观，承担起人类的延续和文明进程的使命。

一、艺术设计专业发展的本能

信息化时代已经成为全球设计发展的共同主题，是人类文明进程的明确趋向，作为与人的衣食住行密切相关的艺术设计活动，也必将随着社会发展的趋势而发生变化。人与物的关系将以满足个人需求为主，个人化和个性化的设计观念被人们普遍接受。设计师"以人的生理需求和心理需求为中心"的设计方法成为主要的运用形式。消费者寻找的东西不仅是物品的功能，而且是设计带给人的享受和放松的生活方式。突出"以人为本"的内设理念，强化个人化和个性化的"人性"设计，是未来设计师追求的目标。

艺术，是人们为了更好地满足自己对主观缺憾的慰藉需求和情感器官的行为需求而创造出的一种文化现象。艺术，既是人们在日常生活中进行娱乐游戏的一种特殊方式，又是人们进行情感交流的一种重要手段，属于娱乐游戏文化的范畴。艺术的本质就是通过某种特定的媒介符号如绘画、诗歌、音乐、舞蹈、小说、戏剧等来反映和描述事物及其价值关系的运动与变化过程，从而对人的情感、知识和意志进行交流、诱导、感化和训练。

艺术文化的本质特点，就是用语言创造出虚拟的人类现实生活。艺术发生的基础是人类的语言，有效的艺术创造必须完全借助于语言。人类有什么样的语言形式，就会有什么样的艺术形式。不借助语言的所谓艺术创造，只能算是普通的游戏创造。在娱乐功能的层面上，艺术与普通的娱乐游戏具有同等重要的存在价值和发展价值。然而，艺术与普通的游戏在文化形态上毕竟存在着本质上的差异，在文化的社会功能上也存在着明显的差异，这种差异无论从理论上还是实践上都有着被认真关注的必要。

人类原本就是自然界中的一部分，天性使得人永远追求"天人合一"的美好理想，生理心理的需求的满足使得"以人为本"的设计理念真正成为可能和现实。个体的整合就是群体，对个人都得以满足，才能构成其乐融融的理想世界。着眼于人与自然的生态平衡关系，使设计过程中的每一个决策都充分考虑到环境的效益，尽量减少对环境的破坏，这不仅是一个技术层面的问题，更是一种观念意识上的革命。尽量减少无谓的自然材料的消耗，确保生态系统的良性循环，从深层的意义去理解"生态化"的理念，整合生态环境与人文景观，实现人与自然的和谐共生是人类永恒的追求。

二、艺术设计国内外主观行为的功能范畴

近年来，世界各国政府及有关设计组织和设计师，都致力于推出能达到有利于生态环境和人类的"绿色设计"的条例和法规。加拿大多伦多环保署实施了包装设计与创造审批的"3R"原则：减少用料、重复使用、能回收再生。凡检查合格者颁发"绿色证书"和生态设计的标志，为期三年。20 世纪 90 年代，德国政府首先提出关于"包装设计的标准"得到了欧共体国家的赞同。以"绿色"观点来评价设计，并从利用资源加工到使用后废弃，考察设计机能和作用，会对当代设计所使用的材料、设计方法及审美情趣产生新的感受。以创造"自然、平衡、和谐"的设计为目标，是我们共同的愿望。

设计的结果是为人造物和创造环境，它与物质文化的联系最紧密。通过设计活动，在时代性、民族性和创新意识方面展现人文色彩，也正是一个国家有别于另一个国家、一个民族有别于另一个民族的设计风格的多元化的体现。艺术设计，作为人类生活方式的创造活动满足了人们对物质与精神的双重需求。设计的发展趋势影响和承担着人类延续和文明进程。

1. 人的主观行为的三种基本功能

在社会生活中，人的主观行为可以根据其基本的功能范畴分为三种类型：第一类是为了获得最基本的社会生活资料所从事的基本生产劳动，如寻找、采摘、捕获和种植食物，修造居所，制作衣物和其他生活必需品等等，都属于基本生产劳动。如果没有基本生产劳动所获得的基本生活资料，人的基本生命活动就无法维持。第二类是为了保障最基本的生命活动所进行的基本社会生活，如做饭和洗衣、生殖和养育后代、社会交往和维持社会生活秩序、日常其他所必需的活动等等，都属于基本社会生活。如果离开了基本社会生活，人的基本生命活动同样无法健康维持。第三类是为了消耗人体自身多余的体能和精力而进行的娱乐游戏活动，如唱歌、跳舞、写诗、听戏、踢球等，都属于娱乐游戏活动。离开了娱乐游戏活动，人的基本生命活动仍能够正常维持。

2. 艺术是娱乐游戏的一种方式

艺术是人的一种主观行为，这种主观行为属于娱乐游戏的范畴，这似乎是人们的共识。因为，离开了任何形式和内容的艺术活动，人类的基本生命活动都是能够正常维持的。那么，是不是人们所有的娱乐游戏活动都能够称为艺术呢？显然不是的。例如，小孩子掏鸟窝、摸鱼、斗蛐蛐等许多与之类似的娱乐游戏活动就不能被称为艺术，而弹琴、作诗、画画、唱戏等许多与之类似的娱乐游戏活动就能够被称为艺术，这是人们的共识。尽管不能够把娱乐游戏活动都称为艺术，却能够把艺术确定为娱乐游戏的组成部分，确认为娱乐游戏活动的一种方式，这在逻辑上是不会有问题的，也似乎是不会有人提出异议的。

3. 艺术的本能

丹尼斯·达顿（Denis Dutton）在《艺术本能——美、愉悦和人类进化》一书中认为：艺术行为是人类的一种本能行为。要想研究艺术是不是本能，就必须给予"本能"一个合理的界定。从理论研究层面上看，"艺术本能"能够挑战传统的"为艺术而艺术""纯艺术"等艺术理论，从而给艺术理论研究找到一个可以进行中西对话、在世界范围内讨论艺术普遍性和共通性的可靠平台；从艺术实践层面上看，"艺术本能"可以引导艺术家关注艺术行为中的生理因素和进化动因，从而更加现实、客观地观照艺术这一时而被供若神明，时而又被玩弄于股掌之中的文明果实。要想界定艺术是不是一种副产品，也要审慎地考虑"拱肩"之喻是否完全匹配我们所要讨论的问题。更进一步讲，在对"艺术本能"说进行考察时，我们应该暂时放下固有的文化成见，从进化心理学、神经美学、文化与基因协同进化等多个维度来讨论，尽力追求科学而理性的表达。

4. 人的主观需求

人的主观是以人的"自我"形态为根据的，人的"自我"形态是以人的观念文化形态为根据的。人以"自我"形态为根据所产生的对客观事物的需求行为，称为人的主观需求。当客观事物满足了人的主观需求时，人在主观上就会产生快乐的感觉；当客观事物不能够满足人的主观需求，或是损害了人的主观利益时，人在主观上就会产生痛苦的感觉。在现实生活中，人们经常会因为主观需求得不到客观事物的及时满足及经常被某些客观事物损害自己的主观利益而产生出许多痛苦的感觉。可以说，人们在日常生活中的全部行为内容，就是追求客观事物对自己主观需求的满足和拒避客观事物对自己主观利益的损害。然而，这种追求或拒避又经常会因为客观条件的限制而不能够如愿，这就使得在现实生活中人们在主观上总是因许多事不能够如愿而存在许多的缺憾，这种主观缺憾总使人持续地沉浸在痛苦的感觉之中而令人总想解脱。

5. 人体的三大功能系统

人体有三大功能系统：一是基本功能系统，二是认知功能系统，三是情感功能系统。基本功能系统的基本功能，是负责完成人体正常的生理代谢、器官发育和个体生殖等最基础的生命活动任务的。组成此功能系统的所有器官，称为人体的基本器官。认知功能系统的基本功能，是负责完成人体对客观事物的"认知"任务的。组成此功能系统的所有器官，称为人体的认知器官。人的认知器官，目前普遍认为是集中于人的大脑。情感功能系统的基本功能，是负责完成人体由认知成果所引起的"情感行为"的发生和人的不同个体间的"情感交流"任务的。组成此功能系统的所有器官，称为人体的情感器官。情感功能系统的"中枢"，被许多人认为在人体的"心区"。

人体的生命活动，是以人体器官与客观事物发生关系才能够进行的。人体器官与客观事物发生关系时所产生的机能现象，称为器官行为。人体的器官行为，是人体器官"天生"所具备的机能现象，是人体生命活动的基础，是人体器官的本能需求，在很大程度上也表现为人在社会生活中的主观需求。人体器官的许多行为，能够使人产生快乐感觉，这种器官行为正是人在主观上所企盼和追求的。确切地说，人的主观需求，正是以人体的三大功能系统对客观事物的需求行为为基础的。可以说，人的社会生活的全部内容，就是主观上对一定形式和内容的器官行为的无休止追求。

情感器官通常所产生的行为内容，主要有喜、怒、哀、乐、悲、欢、思、恋、怨、恨、惊、疑、盼、烦、惧等等。情感器官的这些行为，都是人在主观上经常需要的。无论是在人们的基本生产劳动、基本社会生活或是娱乐游戏活动中，情感器官的这些行为都能够产生。然而，在现实的社会生活中，情感器官产生这些行为，通常都需要人在主观上付出许多代价。如劳动的过程和成果可以使人获得喜、怒、哀、乐，可劳动过程中的长时间的辛苦通常让人们在主观上不愿意忍受。许多的娱乐游戏活动虽然能够使情感器官获得较为激烈的行为反应，但娱乐游戏活动通常又要消耗大量的生活资料。

在生活实践中，人们发现，有些娱乐游戏活动只需要花费较少的社会财富，就能够使情感器官产生足够多的行为反应。如说故事和听故事，就能够只花费很少的社会财富而使人的情感器官产生出现实生活中所有的器官行为反应。

6. 虚拟文化现象

在人们的社会生命中，现实生活中真实的客观事物满足了人的主观需求或违背了人的主观需求时，能够使人产生快乐或痛苦的感觉，并且能够引起情感器官的行为反应；人与故事中的虚拟的客观事物发生关系时，也同样能够使人产生快乐或痛苦的感觉，并且也同样能够引起情感器官的行为反应。而且，故事中的客观事物比起现实中的客观事物更容易引起情感器官的强烈行为反应。如现实生活中的"小芳"会让人觉得善良美丽，会让人朝思暮想，寝食难安；然而，故事里的"林妹妹"更会让人觉得柔情万种，更会让人为她失魂落魄，伤感万分，痛不欲生。现实生活中的"小芳"经常不能够满足人的主观需求，而故事中的"林妹妹"却能够对人的主观缺憾产生非常好的慰藉作用而使人产生"别具滋味"的快乐感觉。

情感交流，是人的情感器官经常性的行为需求。心里的缺憾向他人倾诉一下，内心的欢喜事向他人陈述一下，听听他人讲些新鲜的事情，或有新鲜的事情向他人讲述，都是人们在日常生活中必需的情感交流行为。然而，在现实生活中，并不是经常都会发生一些"有意思"的和"值得说说"的悲伤或欢喜事。实际上，人们相互交流的绝大多数内容，都是相互听来或看来的关于他人的事，尤其是采用夸张和虚拟的方法编造出的关于他人的情节曲折和内容精彩的故事。在现实生活中，说故事和听故事，具有非常好的情感交流效果和对主观缺憾的慰藉效果。自古以来，人们都非常喜欢听故事，也非常喜欢编故事。听故事的人总想听更精彩的新故事，编故事的人也总想编出更精彩的新故事。听故事和编故事，早已成了人们生活中非常重要的主观需求。非常自然地，听故事和编故事，就发生和发展成了人们社会生活中一种非常独特的文化现象。这种文化现象，其功能的主要方面是专门满足人的主观缺憾的慰藉需求和情感器官的行为需求的，其文化形态的本质特点是虚拟人们的现实生活。这种文化现象，称为虚拟文化。本书把这种专门为了满足人们的主观缺憾的慰藉需求和情感器官的行为需求而创造出的虚拟文化现象，称为艺术。一直以来，针对艺术的内涵没有过明确的界定，每个对艺术有所关注的人对艺术都有自己的界定，这是因为一直没有一个公认的界定艺术的客观标准。本书对艺术的界定，一方面给出了明确的客观标准，另一方面明确定义了艺术的本质，从理论上把艺术同普通的娱乐游戏行为严格地区分开来，从而能够明确指导人们的艺术实践。本文对艺术的界定，也许在很大程度上背离了"艺术"原来的词意，这并不要紧，因为类似的先例在理论界是有过的。对于艺术，通常可以从三个层面来认识。第一是从精神层面，把艺术看作文化的一个领域或文化价值的一种形态，把它与宗教、哲学、伦理等并列。第二是从活动过程的层面来认识艺术，认为艺术就是艺术家的自我表现、创造活动，或对现实的模仿活动。第三是从活动结果层面，认为艺术就是艺术品，强调艺术的客观存在。

一般认为，艺术是人们把握现实世界的一种方式，艺术活动是人们以直觉的、整体的方式把握客观对象，并在此基础上以象征性符号形式创造某种艺术形象的精神性实践活动。它最终以艺术品的形式出现，这种艺术品既有艺术家对客观世界的认识和反映，也有艺术家本人的情感、理想和价值观等主体性因素，它是一种精神产品。

艺术与其他意识形态的区别在于它的审美价值，这是它的最主要、最基本的特征。艺术家通过艺术创作来表现和传达自己的审美感受和审美理想，欣赏者通过艺术欣赏来获得美感，并满足自己的审美需要。除审美价值外，艺术还具有其他社会功能，如认识功能、教育和陶冶功能、娱乐功能，等等。其中艺术的社会功能是人们通过艺术活动而认识自然、认识社会、认识历史、了解人生，它不同于科学的认识功能。艺术的教育功能是人们通过艺术活动，受到真、善、美的熏陶和感染，而潜移默化地引起思想感情、人生态度、价值观念等的深刻变化，它不同于道德教育。艺术的娱乐观念是人们通过艺术活动而满足审美需要，获得精神享受和审美愉悦，它不同于生理快感。

为了人们的精神快乐而虚拟现实，是人类非常重要的一项文化创造。这种文化创造，为人类的社会生活生产出了非常丰富的精神食粮。人的梦境虽然也多是虚拟的生活现实，但梦境的创造不是人的主观行为，所以不能把梦称为艺术。编造谎言骗取他人财物或故意损害他人利益，所用的手法也是虚拟现实，但骗人财物或故意损害他人利益不属于娱乐游戏。所以，也不能把编造谎言称为艺术。

7. 艺术的本质

艺术属于娱乐游戏文化的范畴，是人们为了满足自己对主观缺憾的慰藉需求和情感器官的行为需求而创造出的一种文化现象，这种文化现象的本质特点是用语言创造出虚拟的人类现实生活。艺术是人们进行情感和思想交流的一种文化形式，人们进行情感和思想交流是以语言为基础的，所以，艺术的发生基础是人类的语言。在人们的艺术实践中，艺术的发生通常总是要完全借助于人类语言，人类有什么样的语言形式出现，就会有什么样的艺术形式产生。人类语言有许多种形式，如口头语言、文字语言、绘画语言、形体语言、音乐语言及现代的电影电视语言等等。书法家梅湘涵指出，艺术的发生在形式上就相应地会出现故事、小说、诗歌、绘画、舞蹈、音乐、电影和电视剧等艺术形态。没有语言，就没有艺术的发生基础；如果人们相互间语言不通，就不能够实现艺术的交流。

艺术用语言创造出虚幻的事件，让他人通过对语言的理解来感觉虚幻事件的发生情景，在感受情景的过程中，人的相应的主观缺憾就会得到适当的慰藉，人的情感器官就会产生出活跃、激烈的行为反应。人的主观缺憾的慰藉及情感器官的行为反应，完全是以人在社会生活中对一定客观事物的主观需求为根据的。所以，艺术所创造出的虚拟事件，就必须以人在社会生活中的主观需求为根据，才能够发挥出显著的艺术效果。

唯美主义是审美的最完美发挥。除审美价值外，艺术还具有其他社会功能，如认识功能，教育和陶冶功能，娱乐功能等。其中艺术的社会功能是人们通过艺术活动而认识自然、认识社会、认识历史、了解人生，它不同于科学的认识功能。艺术的教育功能是人们通过艺术活动，受到真、善、美的熏陶和感染，而潜移默化地引起思想感情、人生态度、价值观念等的深刻变化，它不同于道德教育。艺术的娱乐观念是人们通过艺术活动而满足审美需要，获得精神享受和审美愉悦，它不同于生理快感。

艺术是一种特殊的社会意识形态和特殊的精神生产形态。通过生产实践活动，反映从物质世界到精神世界，从生产关系到思想关系的人类的全面的社会生活，创造美的精神产品，满足人类精神上的审美需要。通俗地说，艺术也就是人的知识、情感、理想、意念综合心理活动的有机产物，是人们现实生活和精神世界的形象表现。

艺术是一种很重要、很普遍的文化形式，有着非常复杂而丰富的内容，与人的实际生活密切相关。艺术作为一种精神产品，具有无限发展的趋势，并在整个社会产品中占有越来越大的比重。艺术价值是很重要的精神价值，其客观作用在于调节、改善、丰富和发展人的精神生活，提高人的精神素质（包括认知能力、情感能力和意志水平）。艺术的欣赏就是人对艺术品的价值进行发现和寻找，是欣赏者、创作者及表演者之间的情感交流与情感共鸣。在艺术欣赏过程中，作者或表演者用动作、色彩、声音以及言辞把自己所曾经体验过的情感表达出来，以感染观众或听众，使别人体验到同样的情感。艺术欣赏所产生的情感从表面上看具有超功利性，但它不是对功利性的否定，而是对功利性一种更为广泛、更为深刻的肯定。

三、艺术设计教育国内外现状

自从 19 世纪中叶人们提出"艺术设计教育问题"开始，到 20 世纪初设计教育成为设计活动中不可分割的组成部分。格罗佩斯在德国魏玛创立了包豪斯设计学院，它是世界上第一所真正为发展艺术教育而建立的学院，采用理论与实践相结合新式教育模式，其教学成果和人才培养都直接地反映出了现代社会的需求，从而奠定了艺术教育与技术教育相融合的现代艺术设计教育的基础。

事实上，发达国家的艺术设计教育改革始于 20 世纪 60 年代，那时也正是电脑和空间技术进入实用阶段的时代，也正是发达国家以电脑的发明为标志快速进入信息社会的时代，其中心课题是精简教材，放弃知识灌输的传统模式，采用兴趣和启发式教学法，培养学生自主学习、探索和创新的能力，着重培养其创造性解决问题的能力。新的技术手段的介入把学校教育和社会教育连接成一个完整的创造性教育网络。

中国的艺术设计教育经历了"工艺美术教育"的形成与发展到"设计教育"观念更新的转换。1956年，中国建立了全国第一所多学科、综合性的艺术设计教育学院——中央工艺美术学院（1999年并入清华大学），1998年教育部颁布的普通高校本科专业目录中，将"艺术设计"作为一门艺术学科名称正式确定。但是，我国现行的艺术设计教育还比较薄弱。许多高校的艺术设计教育还停留在传统的美术教育中，还不能完全适应信息时代高速发展的需要，为适应现代经济建设需求必须尽快地将数字化纳入艺术教育进程中。经过一个多世纪的发展，设计人才的培养不仅成为学校教育体系之中的重要组成部分，而且也使设计职业得到了某种规范，成为探讨、革新与发展至今的培养设计人才的重要模式。各国的设计教育都在各自国情与基础条件的框架内逐渐形成了自己的教育体系、学科建设和教学方法。

在20世纪80年代，中国开拓了真正意义上的设计教育。此时，无论是本土文化的复苏、教育的振兴，还是外来文化的冲击与影响，都使设计教育成为发展中最为关键的、历史性转折的一步。应该说，多年的设计教育，历经了拿来主义、实用主义、折中主义、多元主义几个时期，观念上渐进地把先进科学的管理思想、设计理念、课程设置、教学方法融入现时体制、机制与特色中来，并开始研究探索设计教育的本质问题，使得从教学上从注重技能培养到设计文化、理念、方法和技能并重，可以看到设计教育中对设计科学的认识至20世纪90年代中期已有了质的变化。在新的历史时期，新经济时代背景下探讨中国的设计教育应以什么样的观念、什么样的定位、宗旨和理念去培养适应知识经济时代需求的高素质、创造性、复合型人才，具有很强的学科前沿性。

21世纪，人类面临知识经济时代，改革开放以后中国设计教育的发展同中国经济一样保持着高速发展的势头。艺术设计教育自新中国成立以来受政治、经济形势变化的影响，经历了由计划经济时期的工艺美术教育体系向改革开放后的市场经济条件下的现代设计教育体系的急速转轨过程，我国的艺术设计教育，已经进入了发展阶段，正渐趋成熟。但是，与西方发达国家相比，我国的艺术设计水平与艺术设计教育水平，都与之有一定的差距。主要表现在艺术设计教育的体系与目的不够明确、人才培养观念比较保守，理论建设、实践经验和成果积累都不尽完善。如何立足我国艺术设计教育的发展现状，在现代艺术的冲击下对传统思维模式重新审视，探寻艺术设计教育的变革之路，是很值得探讨的问题。

中国"设计教育"从"工艺美术教育"的传统模式中的蜕变、新经济时代我国艺术设计教育的现状、面临的挑战，当前我国艺术设计教育、教学中存在的主要问题的研究，来探讨新经济时代艺术设计人才培养要求及我国艺术设计教育、教学合理模式，以期在新经济时代这样一个特定时期，明确中国的设计教育的发展方向，转变传统教育观念，以新的定位、宗旨和理念去培养适应新经济时代需求的高素质、创造性、复合型人才。

随着高校教育体制改革的深入，在当前新经济时代对我国艺术设计教育问题进行探讨，进而深化高校艺术设计教育教学体制的变革，对有效地整顿、规范和完善符合中国特色的高校艺术设计教育具有现实意义。

艺术设计教育是兼顾艺术社会学、艺术心理学的综合性学科，其发展趋势必然受到社会与人文环境的影响与牵制，而当下我国的艺术设计教育体系的总体状况就是"边界"现象，要么重视艺术设计的理论教学，要么重视艺术设计的实践教学，而没有使两方面在"边缘"融合。因此，本书以艺术设计教育体系整体发展趋势为视角，提出虚体艺术设计教育体系理论，并与实体艺术设计教育体系相应加以研究与探讨。其研究范围涉及虚体艺术设计教育体系的概念、研究范畴、样态、样态整合方式、扩展域对艺术设计教育体系的重新构成方式等主要内容。本书采用基础理论、社会现象分析以及统筹整合相结合的研究方法，对我国艺术设计教育体系历史进程以及现阶段状况进行分析，此内容作为虚体艺术设计教育体系的研究背景，同时对虚体艺术设计教育体系概念、意义等作出简要论述。对虚体概念的哲学理论分析，目的是为了厘清虚体在哲学理论中的体现，以便更加明晰虚体艺术设计教育体系概念。内容同时包括对"虚拟"与"虚体"的区分、"虚体"与"实体"的区分，以及"虚体"在日常生活中的表现。从这样的分析中框定虚体艺术设计教育体系的研究量度与范围，围绕推动虚体艺术设计教育体系理论提出的社会、人文环境力量进行分析，以及对其概念、研究范畴、样态、样态整合方式等内容进行探究。

希望通过以上各个方面的分析，对当下艺术设计教育体系中出现的样态进行归类与整合，明确虚体艺术设计教育体系的基本框架结构，并为今后更加细致的研究奠定理论范畴依据，如虚体艺术设计教育体系中的课程设置、教学评定系统设置、教育工作者的评定系统设置等细节研究。以虚体艺术设计教育体系的扩展域样态重构方式为重点，进行了分散式网络结构整合以及复制、连锁式整合方式的分析与探讨，同时把虚拟现实技术在虚体艺术设计教育体系中的运用作为体现虚体艺术设计教育体系全时空扩展趋势的完全媒介，并对其进行特性分析与应用性探讨。

四、艺术设计文化构成发展回顾

中国现代设计艺术和世界现代设计艺术一样，同是社会变革的产物。由于社会的需要，设计的重要性逐渐凸显，成为一种专门的社会活动和文化活动，现代设计艺术应运而生。中国现代设计艺术的转型不是一蹴而就的，大致经历了这样一个过程：从最初被动接受"舶来"的现代设计艺术，到"五四"新文化中国现代设计艺术运动时期主动提倡向外来艺术，包括西方的设计艺术学习，再到结合外来文化，从传统文化中吸收营养的中西结合的发展历程。中国现代设计艺术的发展历程反映了中国人"实用理性"文化心理原则，作为中国人文化心理活动的结构原则。

1. 于被动接受中觉醒，奋发图强主动探索——1945年以前的中国现代设计艺术

16世纪中后期，欧洲商人、外交官、传教士来到中国，在进行经济扩张和文化征服的同时，也带来了西方的科学技术和文化艺术。他们携带大量西方工艺品和介绍西方建筑、美术、工艺的书籍，使长期处于传统工艺环境中的中国人感觉新奇，为西方工艺品设计和制作的种种优点所折服。洋货精美的设计和品种的丰富，给予中国民众的生活以巨大的冲击，也消解着中国的传统文化，改变了中国社会传统的生活习惯和消费观念。中国传统的

工艺生产方式被迫改变，以适应即将变革的社会形态。

宗教的传播、洋货的倾销和通商口岸，尤其是租界的设立，使中国社会逐渐沦为半殖民地半封建社会，中国被瓜分的危机日益严重，迫使政府当局不得不改变闭关锁国的顽固政策，转而主动学习西方，推行"新政"，以扭转中国重农轻商的传统。"洋务运动""实业兴国""新式学堂"为中国现代设计艺术的产生和发展奠定了基础，政府设立工艺总局、选派留学生到欧美和日本学习，积极学习西方现代设计艺术，由对西方现代设计艺术的被动接受，逐渐转为"救亡"式的主动探索。和其他文化对中国的影响一样，在接受西方的现代设计观念的同时，重新认识中国的传统工艺。时至今日，这种外来与本土、传统与现代的结合的设计艺术依然在中国产生重大的影响。中国迫切需要与外界进行更多的交流与融合，中西方设计艺术的相互交融，为中国现代设计面貌的形成奠定了基础。

20世纪初，北京民居宅院大量出现的"洋式楼房"和"洋式门面"，形成了"中西混合"的装饰风格。1904年建成投入使用的哈尔滨老火车站形体简洁，优美的曲线体块动感十足，明显具有"新艺术运动"的建筑风格。"华洋杂处"的上海外滩建筑，既有古典主义风格，也有折中主义的设计倾向，这些都反映了中国现代设计艺术受西方设计的影响，不管是愿意的还是不情愿的。而新一代的中国设计师通过接受新式学堂的教育和留学日本、欧美等途径，努力将西方的设计艺术运用于中国，并使之与中国传统设计艺术相结合，积极探索中国的现代设计艺术。这种或直接接受西方艺术设计风格运动的影响，或通过采用民族传统艺术设计逐渐向现代设计艺术的转变，在中国开埠城市的建筑风格的变化上表现出来。

哈尔滨老火车站外景

对于当代的艺术设计来说，波普艺术的影响非常显著。波普艺术是20世纪最具有影响力的艺术运动之一，在20世纪是得到唯一普遍接受的艺术流派。它虽然最初发生在英国，但生长的土壤是美国的商业文明。波普艺术是美国本土文化意识和传统现实主义精神的胜利，所以美国的波普艺术中含有一种比较突出的民族主义情绪在内。这种情绪对它在美国取得成功起了很大的作用。因此，尽管美国波普艺术发展晚了一步，但是，当新一代的美国艺术家们直接面对他们自己的日常生活环境，并探索新的创作题材和艺术表现的可能性时，甚至比他们的英国同行们更热情、更大胆。美国波普艺术家遵照"艺术应反映日常生活，日常生活表现在艺术之中"这一反美学的艺术观念，试图寻求在物质世界向精神王国发展过程中的一个清晰的逻辑因素，在表现不可预测的精神世界或现代抽象的观念中强调日常可视事物能作为一种让更多的人了解的语言形式。

2. 大陆在发展中徘徊，港澳台在发展中壮大——1945年至1980年的中国现代设计艺术

新中国成立初期，百业待兴，人民政权对设计艺术采取了比较宽容的态度，许多从旧时代走过来的设计师仍然延续了他们熟悉的现代设计观念和设计手法，各级政府对设计事务所和设计公司都没有进行过多的干预。正是这种宽松的社会环境，使中国现

代设计艺术得到一定的发展，全国出现了不少在今天仍然可以被称为佳作的设计作品，并在采用现代设计形式去表现中国传统艺术上取得了较大的成功。新中国建成的人民大会堂、人民英雄纪念碑、民族文化宫、中国美术馆等是传统工艺与现代设计相结合的成功建筑设计范例。然而，在中国的计划经济体制下，商品极度匮乏，基本生活用品都需要凭票购买，这一时期商业设计艺术不再有发展的可能。在解放区形成的设计"为政治服务"倾向在新中国成立以后得以发展，到"文革"时期达到顶峰，设计艺术呈现空洞、单调、贫乏的面貌，大陆现代设计艺术的发展徘徊不前，落后于世界现代设计艺术。

由于香港、澳门和台湾所处的特殊的政治环境和地理位置，这三个地区的设计艺术在这一时期却得到了快速的发展，港台地区一度成为世界重要的设计中心。开放的设计教育为这些地区设计艺术的发展培养了大量的人才。港台地区积极参加并组织国际设计展览、学术交流等活动，即时获取世界最新的设计资讯，并将自己的设计向世界展示，产生良性互动，推动了港台地区设计水平的发展。香港自1842年《南京条约》开辟为通商口岸，成为亚洲乃至世界的贸易中心。

为适应商品生产的需要，香港的现代设计艺术迅速发展，设计家将中国传统艺术与外来设计融合在一起，形成了独具特色的设计风格。日本投降后，第二次世界大战结束，香港设计艺术进入新的发展阶段。20世纪60年代，香港地区经济起飞，发达的商业社会为香港的设计艺术提供了广阔的发展空间。美国和其他一些西方国家是香港产品最重要的市场，香港的产品设计必须适应美国等西方国家市场的需要，因此，西方的现代设计在香港处于绝对的优势。香港的设计艺术一方面大胆吸收外来的营养，另一方面又突破单调的"国际主义"设计的影响，努力实现民族设计艺术的面貌，到70年代基本形成了自己的面貌。20世纪70—80年代，香港的制造业迅速发展，生产居于世界领先的地位。香港设计家吸收西方发达国家的设计理念，采用高科技手段，创作出适应社会需要的设计作品。80年代，香港的设计艺术达到了世界一流的水平。香港艺术设计家立足民族艺术，努力融入世界潮流当中，获得了极大的成功。

20世纪60年代以后，台湾地区经济的迅速发展、民众生活水平的提高，让现代设计艺术改变了传统设计的陈旧面貌，受到社会的广泛欢迎。企业和社会机构重视艺术设计，对台湾地区设计艺术的发展也起到了很大的作用，台湾地区设计艺术成绩卓著。

3. 设计业成就斐然，探索路任重道远——1980年以后的中国现代设计艺术

"文化大革命"结束以后，经过思想路线的"拨乱反正"，"左"的思想文化专制被打破，中国进入全面改革开放的历史阶段，经济开始复苏，市场经济迅速发展。1992年邓小平南方讲话后中国再次掀起改革开放的高潮，"三个有利于"标准的提出，解决了姓"资"姓"社"之争，中国社会开始从计划经济向有中国特色的社会主义市场经济转变，中国经济开始驶入快车道。思想的彻底解放、经济的快速发展，使中国现代设计艺术出现崭新的面貌。中国现代设计艺术概念形成于20世纪20年代，但真正的发展则是在进入改革开放后的20多年里，从某种意义上讲，直到这一历史阶段中国才有了真正意义上的"设计艺术"，这20多年时间的中国现代设计艺术的发展超过了以往的百年。

思想和经济的全面开放，使西方及港澳台地区的现代设计观念和设计理论得以在内地传播，在中国现代设计家和西方设计家的共同努力和实践下，中国现代设计艺术取得巨大的成就。中国现代设计艺术的成就反映在建筑设计艺术、环境设计艺术和商业设计艺术等方面。贝聿铭设计建造的北京香山饭店是西方现代设计艺术较早在中国大陆产生重要影响的作品。香山饭店的设计强调文化延续和演变的理念，成为"文化大革命"后的中国建筑设计家在探讨现代设计如何继承传统的重要借鉴。戴念慈的"阙里宾舍"、张锦秋的"三唐工程"、吴良镛的北京菊儿胡同新四合院以神韵意趣为主借鉴传统建筑对于推动中国现代设计艺术的发展具有同等重要的作用。河南博物院、甲午海战纪念馆、上海博物馆、广汉的三星堆博物馆、昆明的世界园艺博览会中国馆等都可以说是较成功的中国现代建筑设计作品。曲阜阙里宾舍、郑州全聚德饭馆、云南竹楼宾馆等优秀室内艺术设计佳作，表明中国的室内艺术设计家的环境意识加强，中国室内设计向现代环境艺术设计转变。

环境艺术和公共艺术的兴起，工业设计的崛起，反映中国现代设计艺术进入了更高的文化层面，也反映出中国的现代设计艺术脱离了"纯美术""实用美术"的约束，独立地向前发展。中国现代设计艺术前所未有地迅速发展，中国的"现代主义""国际主义""商业主义""消费主义"和"后现代主义"等设计艺术流派在短短的一二十年时间里几乎同时出现，使中国的现代设计艺术逐渐融入国际大舞台，成就斐然。虽然 20 多年时间的中国现代设计艺术的发展超过了以往的百年，取得了巨大的成就，但在信息化时代的今天，中国现代设计艺术的发展任重道远。

香山饭店内景

阙里宾舍外景

五、艺术设计专业未来发展趋势

多元化的艺术设计教育体系是适应艺术设计教育发展的必然趋势，这是由艺术设计学科自身的交叉性特征及我国设计教育历史所决定的，是艺术设计教育必须遵循的发展方向。走向多元化设计教育发展的大趋势，我们应该将艺术设计作为一种高度综合性的交叉学科来组织教学工作，全面提高设计师的综合素质。本书以艺术设计学科的交叉性为基石，从艺术设计教育结构和设计教学结构两个层面来透视设计教育体系的多元化发展趋势。宏观上，以艺术设计教育结构为基点，透视我国艺术设计教育的学科、层次、类型、地区结构的多元化发展趋势。微观上，以艺术设计教学结构为基点，透视我国艺术设计教学中课程设置的交叉性、师资队伍的综合性、教学内容的复合性、教学方法的多样性。借助教育学的理论和方法提供的学术视野，搜集大量设计教育类的文献资料，基于世界现代化教育改革思潮以及我国设计教育蓬勃发展的时代背景，以全国设计教育发展现状为基础，从教育结构、教学结构两个层面来探讨我国的设计教育体系多元化的发展趋势。

艺术设计学科的交叉性研究在艺术设计教育研究中的重要性是显而易见的，只是一直以来我国的艺术设计教学领域都比较少涉及，这是因为我国的设计教育研究史极其短暂，大部分的艺术设计工作者有着对于理论的不屑，从而不愿去探索设计教育理论的根源，还在于仅有的少量设计教育研究者由于种种原因，大多集中在某个专业领域局部的研究状态，少有从系统的角度去研究我国的艺术设计教育。对于艺术理论和艺术之间的关系，抽象表现主义大师巴内特·纽曼曾说过，"艺术理论（美学、艺术史）和艺术的关系，就像鸟类学跟鸟的关系一样"。这句话的潜台词是，鸟类不需要懂什么鸟类学，照样羽翼丰满展翅飞翔。现今的艺术领域，部分艺术家对艺术理论在艺术创作中的作用认识不清，导致了在艺术中"重实践，轻理论"的现象十分严重。这将会给艺术的发展及对艺术修养的提升带来不利影响。"作为未来的艺术工作者，我们眼睛里除了平视或仰视，更应该经常俯视。俯视疾苦和病痛，俯视角落和夹缝。我们眼中看到的，除了繁花盛景，还应该有世间冷暖。我们应该拥有的，除了海纳百川的眼界胸怀，还有悲天悯人的创作灵魂。"

艺术理论是对艺术实质、艺术创作规律等的探究，其通过各门类艺术之间的共通性，对艺术的深层内涵进行理性的考察，旨在打通各门艺术门类之间的障碍，实现各类艺术间的融合。众所周知，艺术实践是检验艺术理论是否正确的唯一标准。相应地，艺术理论对于艺术实践也具有指导和检验作用。在艺术实践的过程中，由于人为、材料等各方面的因素，艺术实践在合理性、正误性、自觉性上都存在着很大的差异。如果凡事能从理论上进行审视、论证并预测后果，那么将避免失误的出现以及失误带来的损失。相反地，如果缺乏艺术理论上的判断，就无法断定艺术实践活动的合理性、正误性，必然会导致实践活动的盲目性，出现失误的概率会大大增加，这对于艺术事业的发展是十分不利的。

北京大学哲学社会科学资深教授、北京大学艺术学院名誉院长叶朗教授认为，我们中国的艺术界需要加强文化素质和理论素质的提升。很多人不重视这个东西，比较偏向技术和技巧的东西。艺术当然有技术的成分，但是它是一种文化，有文化的内涵和精神的内涵。艺术，最终来讲是人的心灵世界的呈现。诗歌、音乐、舞蹈、戏剧，都是人的心灵世界、精神世界的呈现。

艺术工作者、艺术家，比如电影和戏剧的编剧、导演、演员、舞美等，他们的文化素养和理论素养极其重要。我们过去对这方面的重视不够。我经常举一个例子，俄罗斯电影大师塔可夫斯基，他小时候，他母亲就让他读《战争与和平》，并且告诉他哪些地方写得好，因此他从小就有很深厚的文化经典的教养。从此《战争与和平》就成为他的艺术趣味的标准，而那些低俗的东西他就再也不能容忍了。我认为这跟他后来成为电影大师有很大关系。我们中国现在要拍世界大片、要培养电影大师，这不是光喊口号就能成功的，要下功夫，要从根本上培养，要有文化的根基。

另外一个就是要重视理论。理论会告诉艺术工作者努力的方向和怎么去努力。很多人，在技术上已经很好了，但没法再提高，这跟他从小的文化的、审美的修养有关系，跟他的理论也有关系。我接触了一些画家，他们技术很好，他想创造一些有突破性的东西，但是不知道如何突破，找不到方向和道路，缺乏理论的修养可能是一个原因。还有一些大艺术家，他艺术创作很好，但是当他要把自己的艺术经验总结、上升为理论的时候，他总结不出来。他发表一些意见、一些讲话，自己觉得很对。他心里想，我的画这么好，那我关于我的画的分析也肯定是对的。其实这是两回事，你的画固然是很好，但是你关于你的画的分析不一定正确，反而可能是错误的。并不是你的画好，你自己的解释就是好的。有很多这样的情况。譬如有的人诗歌写得不错，一讲到诗歌的理论并不很正确。所以理论很重要。

我也经常引用毛主席在 20 世纪 50 年代对音乐工作者的一

个谈话，里面有一段说："中国的音乐、舞蹈、绘画是有道理的，问题是讲不大出来，因为没有多研究。"这句话我认为非常对。我们中国艺术是有规律的，我们说不出来，因为研究不够。譬如我们说我们的京剧是瑰宝，但是京剧为什么好呢？并没有讲清楚。

同样的一本书，同样的艺术作品，同样的讲座，并不是对所有人是一样的。东西本身是一样的，但是对每个人的效果不一样。比如同样一幅画，每个人从中感受到的东西不一样，有的人从中吸收很多东西，有的人什么都看不到；同一首诗，有的人觉得特别好，有的人就读不出有什么东西；《红楼梦》，有的人从中吸收到很多人生道理，有的人就觉得乏味或者很平淡。理论作品也是这样的。读同样一本经典书籍，每个人的感受不一样。有的人从中吸收到很多好的东西，有的人什么都吸收不到。这跟每个人有关系，跟每个人自己原来的学问基础、人生经历都有关系。

我认为培养艺术工作者艺术创作、艺术评论、艺术研究有三个重要方面。

1. 艺术感

就是对艺术本身的感受和体验的能力。做电影要有电影感，做戏剧要有戏剧感，做音乐要有音乐感。没有音乐感没法作曲、演奏，也不可能做评论。艺术感可能有天资的成分，还有就是对艺术直接鉴赏的经验积累。戏剧必须要看戏，音乐必须去听音乐会。

还要有艺术史知识的积累。戏剧史知识跟你当下的艺术感受有很大关系，比如一个人对莎士比亚很熟，那他对新的戏的感受就不一样。

还要扩大艺术的眼界，因为艺术之间是互相联通的。比如王朝闻，是搞雕塑出身（《雕塑》刘胡兰的作者），他是老革命，后来写了许多艺术评论和美学的文章，我国高校关于美学教育的第一部教材《美学概论》是他主编的；他还研究戏剧，特别是川剧，又研究唐诗、红楼梦，写了《论凤姐》；他的研究面很宽，艺术是互相打通的，太窄不行的。我们要增加对艺术的直接鉴赏的经验，对系统的艺术史知识的积累，再把眼界打开，中外古今打通，这样来提高艺术鉴赏能力，增强艺术感。

2. 理论感

即理论思维能力。有的人艺术鉴赏能力强，但是不能提升为理论，这是我们常常看到的缺憾。京剧很好，好在哪，理论上说不出来；书法很好，好在哪，理论上也说不出来。这是很大的问题，理论不好，影响文艺往前发展。培养理论思维能力很重要。同样一段材料，到了一个人手里平平淡淡，到了另一个人手里能提炼出东西来，他写的东西有理论色彩。要做艺术理论、评论、批评，没有理论思维能力是不行的。当年，日本有一个文艺评论家叫宫本百合子，她的丈夫是宫本显治（早期日共的总书记）。宫本显治在坐牢，与他妻子通信，他对宫本百合子说你写的评论性文章都是一般的文章，不

《刘胡兰》（塑像）

是真正的理论文章。要写出真正的理论文章，要下功夫，建议你读马克思的《资本论》，不是为了学政治经济学，而是为了训练你的理论思维。因为马克思《资本论》就是马克思的逻辑学，其整个概念体系是严密的逻辑思维。宫本百合子听了他的话开始读，开始是在外围进不去，后来进去了，从核心开始读，感到非常幸福、喜悦，就像真理的光芒照耀到自己身上。她说，人的一辈子，像马克思《资本论》这样的成果有十分之一就没有白活了。我举这个例子是想说理论思维能力很重要。那么怎么锻炼理论思维能力呢？恩格斯说过，至今没有别的办法，只有学习过去的哲学。过去的哲学经典，比如柏拉图、亚里士多德，一直到康德、黑格尔、海德格尔，中国的孔子、老子、庄子等哲人的经典著作。因为这些经典是每个时代人类智慧的最高的结晶，要用这些最高结晶来武装自己的大脑。我建议制订个计划，除了围绕当前工作或者写东西需要来读书，还要读经典。每年读2本，10年就是20本，20年就是40本；康德、黑格尔等的经典著作读40本，这个人就会脱胎换骨了。

真正读一本经典著作是不容易的。过去日本有位教授柳田谦十郎，他在自传中说，他把康德的《纯粹理性批判》花了一年时间读完，读完之后觉得这是很大的成绩。他的夫人专门做了一桌家宴来庆祝他读完这本书。这说明，你写一部书当然很了不起，值得庆贺；你读完一本书，像《纯粹理性批判》这样的书，也是了不起的，也值得庆祝。读完20本这样的书，你整个人的气质都会变了。这是说要培养理论思维能力——理论感。

3. 语言表达能力

我们现在这个社会不管干什么，都要说话，要写文章。要学会语言表达，要简洁、干净、明白、通畅。有的人写东西别人看不懂，他以为看不懂说明我高深，这是不对的。我国五四运动以来的大学者，闻一多、朱自清、胡适、郭沫若、冯友兰、朱光潜，他们的文章都是很明白通畅的。

文章还要有思想深度，要写得有趣味，有灵气贯通，让人一看文章就很愿意看。不是要写得死气沉沉，让人昏昏欲睡。我认为我们应培养学生的艺术感、理论感以及语言表达能力。这样学成出去以后，对从事艺术创作、艺术管理等工作都有帮助。如果同时能做一些艺术研究、艺术理论和艺术批评，也非常好。学生们出去以后也许会出一些大的艺术家、大的艺术理论家，还有艺术部门的管理人才。当然并不是只要在我们这里受了教育就能使他们成为这样的人，但是我们至少从一个方面对他有所帮助。要有大的成就还需要别的条件，如人生经历、自己的努力等等。还有，做很多事都要有机缘的。人生，很多东西不是个人能决定的。但是从个人条件来讲，从艺术感、理论感、语言表达能力这三方面来加强，是有帮助的。

任何一种发展均体现为一种倾向性，设计教育也不例外，因此，对设计教育的一些带有倾向性的动势的认识和把握是十分重要的，这将导致我们在一些更为具体的方面采取相应的对策，适应和推动这种发展。

本人长期从事环境艺术设计的工作和艺术设计教育研究，在校期间注重理论与实践相结合，努力投身于设计实践行列，专业上丝毫不松懈，就艺术设计教育和教学结构两个层面来分析和探讨我国设计教育体系多元化发展的必然趋势，希望能对我国特色艺术设计教育体系的建构以及对我国设计教育的发展起到抛砖引玉、推波助澜的作用，使设计教育真正成为中国现代制造产业发展的第一推动力，共同迎接"中国设计"时代的来临。以系统科学的思想为指导来分析影响我国艺术设计教育的宏观和微观因素，并研究影响因素间的内在联系，确定其存在及发展的倾向性；通过国内外设计教育成败案例研究成果，采用分析法和综合法，归纳和总结出具有共性的东西，探索艺术设计教育多元化发展的必然趋势；重视理论研究与实证研究、文献研究与调查研究相结合。实地调查、数据汇总、分析、师生感言，甚至设计市场的信息反馈都将成为本文研究的基石。

本书的目的在于以艺术设计学科的交叉性为突破口探索艺术设计教育体系多元化发展的必然趋势，而不在于构建我国的艺术设计教育体系。二者是有极大区别的，前者只是后者的发展趋势，后者是前者的最终目的。但是要达到后者还有很漫长的一段路要走，需要整个设计教育界的集体努力才能获得想要的结果。

艺术设计专业的基础课程是打造优秀设计人才的开拓性前期教育。基础课程的学习不仅是通向专业设计学习的桥梁，更成为了设计师基本素质、创造性思维的培养和开发的关键。本书对艺术设计专业基础课程设置的研究，在对课程目标进行深入分析的同时，探讨如何在课程结构中选择、组织和协调课程内容，如何通过基础课程的学习，使得学生在设计基础阶段初步形成一个设计从业人员应该具备的素质、修养、价值观、设计思维和设计意识等，为其设计生涯奠定良好的基础。

设计不是一种个人意念的行为，它有着自身独特的发展方向，它反映并成为当代方法和社会的一部分，也受社会政治、经济、文化的制约，不同的社会背景，产生不同的设计艺术。

信息技术的飞速发展为设计艺术手段的改变提供了技术上的保证，势必引发设计思想、设计观念上的变革，现代设计艺术不可避免地面临着历史的转型。中央明确提出将文化产业定位为国家发展战略的重要组成部分。在全球化的消费社会背景中发展起来的创意文化产业是一种推崇创造能力、强调文化艺术对经济的支持和推动的新兴理念。以"创意文化产业"作为中国现代设计艺术的发展方向，不仅对设计实践、理论研究和设计教育提出了明确的目标和价值定位，而且是新的时代发展对设计提出的要求。当代的"绿色设计"、信息时代的"创意文化产业"和20世纪30年代的"现代主义设计"一样，中国和西方地处于同一起点，机会又一次历史性地摆在我们的面前，中国现代设计艺术走向何方，如何正确地、坚定地走下去，这是值得每一个设计艺术工作者深思的问题。

借古鉴今，西体中用，回顾中国现代设计艺术的发展历程，厘清思路，为探索中国现代设计艺术的发展道路提供某种启迪。现代设计艺术是西方工业文明的产物，现代设计艺术的发展伴随着西方现代文化的发展。

现代设计艺术这种以西方为主导的世界"共通性"和"一致性"表现十分明显和突出，出于民族感情和捍卫民族文化的本能，中国的现代设计家一方面不得不接受"西化"这一严峻的现实，另一方面又力图通过"民族化""民族形式"等途径，以"非西化"或"反西化"的方式来保持中华文化的独立发展。中国的现代设计艺术当然不可能脱离民族文化而发展，但更要融入世界现代文化的潮流当中去，全面开放，解放思想，对外来异质文化兼容并包、批判和扬弃。

六、创新型艺术设计人才的需求分析

设计艺术学理论家尹定邦教授说："现代设计既不是纯艺术，

也不是纯自然科学和社会科学，而是多种学科高度交叉的综合学科。"[1] 艺术设计教育是为培养艺术设计人才服务的，所以艺术教育的本质就是培养、造就具有艺术与科学技术相结合的创新型艺术设计人才。现代社会的飞速发展对艺术设计人才的培养提出了新的要求，我们只有深刻认识这一点，才能把握人才培养的正确方向。21世纪是知识经济社会，而知识经济社会的核心是创新。在艺术设计领域里，需要大量综合素质佳、创新能力强的艺术设计人才。

设计师基本素质、创造性思维的开发和培养，艺术设计专业基础课程设置的研究，在对课程目标进行深入分析的同时，探讨如何在课程结构中选择、组织和协调课程内容，如何通过基础课程的学习，使得学生在设计基础阶段初步形成一个设计从业人员应该具备的素质、修养、价值观、设计思维和设计意识等，为其设计生涯奠定良好的基础。目前，虽然我国对艺术设计基础课程的改革也取得了一定的成果，但毕竟集中于少数走在前列的艺术院校之中，需要改革经验和成果进一步研究和深化，以适应大多数艺术院校发展完善艺术设计基础课程的迫切要求，最终使设计教育更好地服务于当今社会不断发展的需要。

根据中共中央、国务院关于深化教育改革，全面推进素质教育的决定，本书运用现代教育科学研究方法，特别是现代课程理论，同时结合艺术设计专业的学习实践经验，对中国艺术设计专业的基础课程演变以及国内几个典型艺术院校艺术设计专业的基础课程设置现状进行了比较深入的分析；采用分析法和综合

---

[1] 尹定邦主编：《设计学概论》，人民美术出版社1999年版，第184页。

法，归纳和总结出具有共性的东西，探索基础课程设置改革发展的必然趋势，重视理论研究与实证研究、文献研究与调查研究相结合。

目前我国艺术设计专业的基础课程理论尚在发展之中，有待完善。本书是在基于国内艺术设计教学中基础课程的建设与改革成果的基础上进一步地研究与探讨，是为了适应现代设计教育的需要和不断深化的基础课程改革需要，而设置的基础理论研究艺术设计专业的基础课程，是打造优秀设计人才的开拓性前期教育。

创意产业对人才的需求体现为对创新人才知识结构的要求，毕业生单一的知识结构难以适应社会发展的需要。众所周知，艺术设计是系统工程也是社会工程，跨学科、综合化、科技化是其主要特征，它广泛涉及科技、社会、环境等诸多领域。艺术设计也是一项高度个人化的创造性劳动，它需要劳动主体充分挖掘自己的创造潜能。所以，这就要求设计师在具有艺术知识的同时，还需要了解科学技术、社会人文、传播与管理、计算机技术等相关知识，形成宽广的文化视野和丰富的知识储备，要有意识地培养创新思维，实现对知识储备的高效整合，只有这样才能够满足创意产业高度发展下艺术设计市场的需要。

七、艺术设计可持续发展的策略方向分析

针对我国艺术设计专业的基础课程设置现状与存在的问题，通过史料的收集、整理、归纳、分析，从分析艺术设计教育这一概念的孕育、发展的演变过程入手，分四个阶段介绍了艺术设计专业的基础课程发展历程，厘清中国艺术设计教育基础课程的基本脉络和格局，从历史发展的角度指出了现今艺术设计教育尚处于初级发展阶段，对于其专业特性以及其发展规律还有待进一步探讨、研究。

本书通过对当前高校艺术设计专业的基础课程教育现状的分析与艺术设计专业相关院校基础课程设置情况的调查，分析了当前高校艺术设计专业的基础课程存在的问题，诸如：基础课程目标单一、孤立；课程结构支离破碎；基础课程内容过分强调以知识和技能为主导。究其原因主要是课程设置缺乏科学的课程理论的指导、课程体系不能紧跟时代的发展、课程引进得不成功等。探讨艺术设计专业的基础课程目标，从目标确立的依据素质教育、通识教育和现代社会素质培养的要求这三个主要因素来分析研究，指出一个适合时代要求、适合人的身心发展的艺术设计专业的基础课程设置，应该是能够将知识和技能、过程与方法、情感态度与价值观这三个维度的目标有效融合的完整体系。

探讨艺术设计专业的基础课程设置的原则、结构与内容。课程设置应该以适应性、实用性、综合性为基本原则，从纵向结构和横向结构两方面来研究基础课程结构的问题。重新确定了规范目标下的艺术设计专业的基础课程内容，应该反映基础课程培养目标的三个维度，即主体性、综合性与潜在性内容。我国艺术设计专业的基础课程设置改革的实现策略，是在对目前国内艺术设计专业的基础课程设置的综合考察借鉴，以及在对前人研究成果的消化和归纳的基础上，得到一个较完善的基础课程设置的实施策略。本书分别就优化整合艺术设计专业的基础课程体系，提高教师队伍建设和注重基础课程设置的评价标准多样性三方面进行了探讨。

跟随这些现存问题，整理出适合我国当下局面的艺术设计教育理论资料是当务之急。本书以宗教哲学理论、西方当下思潮理论为基石，针对我国艺术设计教育的现象与现状加以归纳、分析和总结，提出了虚体艺术设计教育体系理论，并探讨之。同时融合我国现行艺术设计教育体系，共同推动我国艺术设计教育体系向整体、全时空扩展趋向迈进。虚体艺术设计教育体系理论的提出，是在我国艺术设计教育整体发展趋势的社会学范畴内展开的理论研究。

构建复合型人才培养模式是目前高校深化教育教学改革的关键，也是高等教育实现"三个面向"和可持续发展的必由之路。艺术设计是随着人类社会的进步、工业化与现代科学技术的发展而产生的交叉学科。它作为一个融科学技术、文化艺术、经济管理等为一体的新兴学科，已经深入社会生活的各个领域并且极大地促进了全民族科学文化素质和生活质量的提高。

随着社会对艺术设计人才需求的不断增长，许多工科院校也开始设置艺术设计专业，那么对艺术设计专业的人才培养模式就要改革，不能照搬纯艺术的培养模式或套用传统的工科人才培养模式。探讨构建适应现代社会发展趋势和客观要求的工科院校艺术设计专业人才培养模式改革的问题，有着重要的理论意义和实践意义。本书针对工科院校艺术设计专业人才培养模式改革的问题，主要阐述了人才培养模式的内涵及其构成要素，厘清艺术设计人才培养模式改革的基本原理和基本框架。从宏观、中观、微观三个层面论述了工科院校艺术设计专业人才培养模式存在的主要问题，明确了改革目标、工科院校艺术设计专业人才培养模式改革的必要性及其理论依据，为改革艺术设计专业人才培养模式提供理论支撑。艺术设计专业人才培养模式改革的指导思想和人才培养目标，设计了"厚基础、精技艺、重创造、能力强"的艺术设计专业人才培养模式，以课程类别上的六大模块和课程特色上的四大模块为基础建立了系统化、科学化的课程结构和课程体系，在相关教学管理层面提出了相应的改革设想，并且从培养制度、教师队伍建设、教材建设、评价机制等方面阐述了新的艺术设计专业人才培养模式的实施策略。

设计美学是美学理论的一个组成部分，它最早兴起于二战之后的英国，它的艺术设计手段与方式以审美作为视角，主要涵盖产品的设计方法、过程以及消费等的价值展现，也涵盖设计技术制造和企划等环节，这是人类社会发展的必然结果，也是人类物质追求向精神层面转化的内在要求。

第四节　艺术设计伦理学基础原则与内容

一、艺术设计伦理学与道德

艺术与道德伦理是人类文明的重要组成部分，其中设计作为人的、社会性的艺术，在中国数千年来一直是作为"成教化，助人伦"的主要手段而存在，它是不能脱离或者违背道德的发展而发展的。在我国历史上有许多涉及艺术伦理思想的阐述，它们主要围绕艺术与伦理道德的关系展开论述。

建立一门艺术伦理学是必要的、重要的，文艺之于道德的意义重大。艺术与伦理的契合为文艺伦理学的存在提供了最为深厚的土壤，文艺之于道德的意义在于文艺是道德的拯救者，因为文艺是善行的导引者，文艺是灵魂的净化剂，因此，重建道德与重整文艺的努力方向是一致的。艺术的生活就是道德的源头，回溯道德之源的伦理学就是文艺伦理学，其实也就是美学。反过来说，美学是未来的伦理学，艺术是道德的最好表达形式。

现代设计自产生以来，一直存在着一条精神主线，但因为艺术、科学、技术与商业给设计发展所带来的影响更显而易见，所以人们往往忽略了设计的精神性而强调它的物质性。

美的形式和功能已经不能再作为设计的评判标准，设计师应该是一个精神上的艺术家，他在产品的各种要素间寻求统一与协调，并使内部协调平衡的产品服务于人类的道德生活，积极地为人类在社会与自然这两者的统一体中寻找到自己的位置。过去一个世纪所发生的物质主义、环境退化等反人道的事件与行为，背离了理性与道德，抛弃了正确的思考与行动，都是对人类精神的残害与否定，所以今天的设计师必须要思考设计的伦理问题，因为它不仅仅涉及人类的物质生活，而且涉及人们的道德层面。

二、艺术设计伦理学与环境

日益兴起的绿色设计、生态设计已开始影响大众的消费价值观。设计师、设计教育者站在社会和人类命运的大背景下，对现代设计的有关伦理问题进行思考是非常必要的。对工业设计而言，绿色设计的核心是"3R"原则，即减量化原则（reduce）、再使用原则（reuse）和再循环原则（recycle），不仅要减少物质和能源的消耗，减少有害物质的排放，而且要使产品及零部件能够方便地分类回收并再生循环或重新利用。

全球性的生态危机严重困扰着社会的生存和持续发展,迫使人们重新审视人与自然的关系,环境设计能正确解决社会经济发展同生态环境之间的矛盾。设计行为的发生和发展要依赖设计与生态环境之间蕴含的传统的文化中介所进行的物质和精神的交换:一方面,设计活动受生态环境的限制、影响和启迪、促发;另一方面,设计活动将从生态环境获得的一切通过艺术加工,形成设计产品,又进入生态环境中去,促使生态环境发生新的变化,反过来进一步影响设计,推动设计的发展。

三、艺术设计伦理学与人文

"人文"是一个内涵极其丰富而又很难确切定义的概念,设计中的人文关怀从个人的角度说,关注的是从低层次的生理需要直至高层次的情感与道德需求,不仅满足生活实用的需求,也以美的形式陶冶人的情感,更能构建一种积极、乐观、健康的生活态度和生活方式;从人与他人、自然和社会的关系来说,通过设计可以规范人的行为,使人的行为符合道德规范和原则,以维系和调节各种关系的平衡发展。

设计伦理关系不是通过法律或者规章制度来体现,它有极为特殊的体现方式——设计产品,并且必须要通过人对产品的使用,设计伦理关系才能建立起来。没有投入使用的产品是没有任何意义的,它不构成设计伦理关系中的任何一环。相对于一般意义上的"人—人""人—社会"的伦理关系,"人—产品—人""人—产品—社会"的设计伦理关系显示出了它的独特性:设计的伦理是依赖于产品的制造来表达的,是依赖于产品的使用被感知的。

当前设计的异化给设计师和设计教育工作者带来了更大的压力和责任。任何一个设计师都应该对自己的设计负责，这种责任一方面来自它所服务的企业或客户，另一方面来自社会。不管是对企业的责任还是对社会的责任，对一个设计师来说都是非常重要的。

对设计师来说，在商业激烈竞争的强大压力下保持清醒的头脑是非常重要的。如设计产品的时候不能只考虑产品漂亮的外观，还要注意产品的安全性。产品外表鲜艳的颜色里有时会含有重金属和各种毒素，它会对人们的智力和身体健康产生影响；为儿童设计产品的一些小零件的尺寸不能太小，防止儿童把它们放进嘴里产生危险。在产品设计的前期就要考虑到用于制造的材料是否环保、当产品的使用寿命结束后如何回收利用等问题。

四、艺术设计伦理学与科技

有人认为，科学研究本身是价值中立的，只有应用才涉及伦理道德，而应用是无法控制的。但是，设计人知道，艺术和设计恰恰是对科学的一种"反作用"，是对科学的一种文化平衡。设计艺术的本质意义和价值正在于用设计解释科学，为科学寻找意义，将科学技术变为一般人可以理解和参与的东西。

高科技时代的设计师所面临的问题是如何用更好的形式来体现功能，如何让高科技产品设计变得易于使用，如何使冷冰冰的科技产物变得更具人性化和亲和力，使之成为人们生活的一部分，许多有远见的设计师、科学家和艺术家已认识到了这一点，并呼吁要重视现代设计对人类未来的影响为解决人本身与技术之间的日益尖锐的矛盾，使工业产品"自然化""人性化"。呼唤设计的人性化回归是社会发展的必然要求，人性化设计将永远充当其情感的平衡剂并与高科技发展形影相随。

第二章　中外艺术伦理思想道德的借鉴与启示

第一节　中外传统伦理思想概要

一、国外伦理思想

国外学者从意识形态发展的相对独立性原理论证道德的继承性。道德的相对独立性反映在它一经产生就按着自身的特殊规律发展。任何时代的犯罪，人们都是借助善与恶、正义和非正义等范畴来加以评价的。道德的阶级性并不意味着社会上不存在普遍的道德规范。道德的"代数"并不取消道德的"算术"，道德的"算术"存在于公共生活的基本准则中，[1] 普遍道德规范组成起码的社会准则，不遵守这些准则，社会机体就根本不能正常地发挥机能。譬如，善恶概念很容易嬗变，在对抗阶级之间对它们的理解是对立的，但是就是在这样的概念中，也存在着某些对所有人来说是共同的东西，而这些共同的东西是从各个社会代代相传而来的。作为伦理学对象的道德世界只是社会进步的一面，对

---

①　范冰、梅枚：《国外伦理道德讨论的几个问题》，载《学术月刊》1980 年第 7 期。

于道德的判断，其评价是真实的，有着客观的科学基础，它同人们一定的社会生活、一定的社会关系、一定的社会发展规律相联系；任何道德判断、评价都可以找到它们对社会物质生活条件和人们阶级利益的依赖。道德价值总是表明一定社会或一定阶级对人们行为的要求。因此，它是客观、真实的，不是随心所欲、自我选择的；也不是某种人的主观感情和感觉兴趣，当然也不能就道德论道德，那只是一些形式主义的语言，用来分析和句子结构功能之类的东西。道德是能够而且必须建立在科学的、客观的基础上。①

二、中国传统伦理思想

中国传统伦理道德文化的基本内容主要是通过道德规范体现出来。如果我们把道德比喻为一张网，那么规范作为网的经纬线必然是丰富而具体的。中华民族在长期的道德实践中，逐步积累与形成了一些世代相传并不断调整和更新其内容的道德规范，比如仁、恕、忠、孝、诚、信、礼、义、廉、耻，等等。中国传统伦理道德文化中的规范非常多，每一个规范都有其独特内涵，另外，规范主要是对行为的规定。中国传统伦理道德文化浩瀚渊博，有诸多的道德规范，践履道德规范的德行榜样，实现道德社会的道德教育思想，这就是中国文化独到的修身之道。

在我国，传统道德主要指的是儒家道德，其创始人是孔子。

---

① 范冰、梅枚:《国外伦理道德讨论的几个问题》，载《学术月刊》1980年第7期。

孔子生活在春秋时期，时值奴隶制社会向封建制社会过渡的诸子百家争鸣的时期，他从自己的政治理念出发形成他全面系统的道德思想。他以"仁"作为最高的道德境界，将"孝""悌""礼""信"等德目置于其下，形成了中国最早的道德学说。中国传统伦理道德规范最早产生于原始社会末期的尧舜时代，《尚书·尧典》中就有"以亲九族""协和万邦"的表述。在殷墟的甲骨文字里有"礼""德""孝"等文字出现，说明商代就已制定了体系性道德规范，出现了所谓"六德"，即知、仁、圣、义、忠、和。

三、艺术伦理的基本规则

1. 生活伦理

按照马克思的观点，人类社会生活可以归结为交往实践过程。包括人与自然的交往、人与人的交往、人与自我的交往。一切社会性的交往活动都会形成一定的交往规则。最初以习惯、风俗为形式，继而以道德、法律为形式，总之会形成一定的制度和文化。人类的交往实践活动创造了制度和文化，制度和文化又规定着人类的交往实践活动。这是一个从自发到自觉再到自由的进化过程。因此艺术设计伦理必然包括他律、自律、自由三种样态，从而实现了制度伦理和德性伦理的统一。艺术设计伦理教育应该是组织公民参与社会交往实践，学习并接受制度和文化规范的过程，这个过程自然包括制度强制、意志自律、精神自由三个层次。

2. 生活伦理内涵

生活伦理是由习俗生活方式凝结而成，它既是物态持家能力的沉淀，也是私人生活的伦理世界的概括。主要包括人们的衣食住行、饮食男女、礼尚往来和婚丧嫁娶等日常生活内在机理和家庭习俗伦理规范。它包括三个基本方面的意义。

第一，人们持家的物态能力或生计，即对家庭共同体的物态生活的执着和追求。马克思和恩格斯在《德意志意识形态》中阐述了物质生产在人类历史发展进程中的决定作用。他们指出："我们首先应当确定一切人类生存的第一个前提，也就是一切历史的第一个前提，这个前提是：人们为了能够创造历史，必须能够生活。但是为了生活，首先就需要吃喝住穿以及其他一些东西。因此第一个历史活动就是生产满足这些需要的资料，即生产物质生活本身，而且，这是人们从几千年前直到今天单是为了维持生活就必须每日每时从事的历史活动，是一切历史的基本条件。"[1] 马克斯·韦伯在《新教伦理与资本主义精神》中所讨论的新教徒世俗持家的节俭、簿记和善于计算等习性便是这种持家本领和能力。它既构成家庭伦理的物态可能，也意蕴物态生活前提下的生活志趣。

第二，家庭伦理结构。家庭伦理结构包括自然血亲纽带和关于这种自然血亲纽带情感伦理图式。人们在自然血缘、婚配、长幼等血亲纽带的承袭基础上，勾画出了具有家庭共同体的情感伦理图式。黑格尔认为，家庭应该从精神、人类精神发展的角度来进行构建。家庭在黑格尔的哲学思想中作为一种自然的伦理精神和伦理实体而存在，构成的是整个伦理发展的第一阶段。作为自然伦理实体而存在的家庭，黑格尔认为："作为精神的直接实体性的家庭，以爱为其规定，而爱是精神对自身统一的感觉。"[2] 即

---

[1] [德] 马克思、[德] 恩格斯：《德意志意识形态》，知识产权出版社 2016 年版，第 23 页。

[2] [德] 黑格尔：《法哲学原理》，范扬、张企泰译，商务印书馆 1961 年版，第 175 页。

家庭是以爱为前提和纽带而建立起来。"爱的第一个环节，就是我不欲成为独立的、孤单的人，我如果是这样的人，就会觉得自己残缺不全。至于第二个环节是，我在别一个人身上找到了自己，即获得了他人对自己的承认，而别一个人反过来对我亦同。"[1]黑格尔进一步阐明，子女的诞生才是家庭的真正实体性存在和本质性存在，由此，真正构建了家庭的血缘关系、父母与子女的恩爱关系和财产关系，同时也产生了父母与子女的权利义务关系，家庭的伦理教育由此诞生出来。黑格尔的家庭伦理教育观可以赋予我国当代基础教育的改革以新的价值，一方面体现在基础教育目的的设计上，强调对人健全人格和实践能力的培养；另一方面体现在基础教育的内容上，要加强爱、信任、责任和服从意识的培养。

另外生活伦理还具有批判性、多元性、自在性和情感化等特征。生活伦理构成政治意识形态与伦常生活百姓的贯通性主要表现在两个方面：一是生活伦理共性和个体有效关联对意识形态的构成。二是提供了意识形态的习俗正义范式。

所谓文化和意识形态领导权，就是意识形态在生活百姓的思想和道德上的领导地位。英国新左派斯图亚特·霍尔认定当代英国撒切尔主义成功的政治文化范式就在于对纵横向不同的生活理念和见解加以整合和采信，使之成为其政治理念的重要文化资源。一方面，标示着构筑于直观生活视域的生活伦理亲熟性为意识形态权威结构与秩序的建构提供了不可或缺的文化资源；另一方面，标示着伦常生活百姓构成意识形态获取自身

---

[1] [德]黑格尔：《法哲学原理》，范扬、张企泰译，商务印书馆1961年版，第175页。

正当性的政治认同文化资源。所谓伦常生活的亲熟性首先是对家庭伦理性的责任原则的现代理解，主要是指家庭成员交往的义务责任和契约责任原则。如前所述，生活个体融入社群伦理的家庭责任既构筑了意识形态政治国家的伦常生活责任亲熟性思想基础，使之具有正当性和权威性体认文化心理基础，同时生活个体责任文化心理又充当了意识形态政治国家正当性和权威性的认同文化基础，即意识形态的活动的亲熟可能性要受到伦常生活的责任原则检验。因为伦理社群的正义不过是维持家庭伦理共体的责任观内涵的提升，家庭伦理共体的责任观对家庭成员生存覆盖显现其存在的合法性，只有家庭共体能满足成员个体情感和利益呵护，才能获取生活个体的对家庭维护支持的双重责任的付出，即个体对他人或共体的关爱与服从。同理，一般社群伦理的公正性树立必然体现为社群伦理对个体生存的覆盖和关爱责任付出过程，否则，一般社群伦理共体便失去个体成员维护共体的责任维护和支撑。政治意识形态与伦常生活百姓的交往在逻辑上正是双方源自家庭伦理性责任观的交相付出，伦常百姓获得的是生活利益的合法和生存的尊重，政治国家则获得的是生存基本原则和前提——生活主体的认同的正义性。且意识形态要依赖于自身尚存的生活亲熟性去诱导和呼吁伦常生活的直觉的责任感，扩大其正当性基础。

3. 生活伦理准则

21世纪的生活伦理绝不会停留于一般伦理准则的泛化，而必将追求伦理精神的提升。全球性的普遍交往，无疑将会以空前的规模促进人类社会的分化和整合，从而在根本上推动人类自身的完善过程。在全球性的交往实践中，人们不仅会在文化的异质性中观照自我的价值品位，而且会在文化的一体化过程中解构和去除不合时宜的传统陋习，并在这种失落自我和寻找自我的双向震荡中建构全新的伦理关系和精神品格。因此，21世纪的生活伦理本质上是人类生活的自我更新的伦理，是不断进行自我解构和自我建构的规范和准则。于是，21世纪的公民伦理教育就是要推动人们在参与全球性交往实践的过程中，不断认识自我、改造自我、完善自我。

总之，21世纪的生活伦理要求彻底改变传统的伦理教育方式，代之以与生活伦理相适应的全新教育方式，即采用交往互动、对话协商、求同存异、自我完善的方式。换言之，21世纪的公民伦理教育将是公民的自我伦理教育，教育者和受教育者都将是公民自己，而不再片面归结为上帝、领袖、导师和其他尊长的启示和教诲。

四、艺术界、哲学界、美学界对艺术道德问题的追问

艺术界、美学界、哲学界对艺术道德问题的追问，散见于一些美学著作、哲学著作和研究性论文，它们主要是围绕艺术家要不要讲道德这一中心主题，从美与善的关系角度出发，对艺术作品在思想意识方面的责任、艺术家的道德责任等方面进行探讨，并主张艺术学和艺术学家都必须讲道德。张之沧在《艺术与真理》中，以艺术美的本质探微作为逻辑起点，从艺术家的献身精神、艺术与道德的统一性、道德对艺术的刺激和破坏作用、艺术家的社会责任四方面阐述了艺术与道德的关系，强调艺术和艺术家必须讲道德。他说："什么样的艺术才是好的艺术、好的作品呢？它必须有利于陶冶人的情操，促进社会文明，推动社会进步，鼓

励群众斗志，增强人生信念，树立远大理想。"① 王颂华、丁涛、顾建华、孔智光等学界专家也都从不同侧面论及了艺术与道德的关系。丁涛指出，道德因素是艺术评价的标准之一，"批评艺术作品好坏的标准不能不与特定的道德因素有联系"②。顾建华认为："道德所追求的善和艺术所追求的美，两者是相通的。"③ 孔智光指出："哲学社会科学、伦理道德、文学艺术、宗教等意识形式，都是社会意识家族的成员，无不蕴含着能动把握社会存在的普遍本质和作为精神文化的共同特征。它们相互制约、彼此渗透，是对立统一的辩证关系。"④ 此外，龚妮丽在《音乐美学论纲》中，也有很多处直接或者间接地论及音乐艺术与道德的密切联系，并在"音乐批评"一章中专门论述了乐评家的道德问题⑤。

第二节　中外伦理思想对伦理的启示

一、"向善"和"天人合一"的伦理思想

"天人合一"是我国传统哲学占主导地位的命题，体现了人与自然和谐的理念，它应该是当代生态学的哲学源头。面对当代世界范围的生态危机与资源枯竭的严酷事实，与近现代西方哲学的主导思想"天人二分"相对照，人们可以进一步认识到我国古

---

① 张之沧：《艺术与真理》，上海人民出版社 1999 年版。

② 丁涛：《艺术概论》，辽宁美术出版社 2001 年版。

③ 顾建华：《艺术引论》，高等教育出版社 1989 年版。

④ 孔智光：《文艺美学研究》，中国戏剧出版社 2002 年版。

⑤ 龚妮丽：《音乐美学论纲》，中国社会科学出版社 2002 年版。

代哲学思想的智慧光辉。

"天人合一"是我国传统哲学中占有主导地位的思维模式，是一个具有根本性的哲学命题。"天人合一"作为一种古典哲学理论，可追溯到周代，从先秦时代发展到明清时期，在宋朝出现过学术的高峰。究其源头，对于《周易》的阐发是这个思想体系发展的主线。相传周文王集成已往理论建立八卦学说，成书为《易经》，其后与孔子的门徒所著《易传》合而为《周易》。"天人合一"的哲学思想由历代学者发扬光大，又产生了一些重要的学说。

最早阐述"天人合一"思想的是战国时期的《郭店楚简·语从一》："易，所以会天道、人道者也。"意思是《易经》这部书是会通天道和人道关系的书。《系辞》又进一步阐发《易经》包含着"天"与"人"之间存在着相即不离的内在关系。概括说，不能研究"天道"而不涉足需求。

二、儒家"仁礼观"伦理思想

儒家理论形成于春秋。儒，前身为商代的需、周代的胥，《周礼》中"需"与"胥"假借，后随着社会的演变、文字的发展，"需"增"亻"旁为儒。胥在周代是有才智之士的美称，所以春秋以后诸子百家凡有道术者，皆可称为"儒"，即"术士"。儒在春秋初期是一种地位比较低贱的职业，孔子自叙"吾少也贱，故多能鄙事"，以孔子为代表的一大批儒家不断地发展，使孔子获得了"天不生仲尼，万古长如夜"的评价，被后人称为"万世师表"，达到其他思想无法望其项背的程度。春秋战国，学术众多，流派纷呈，百家争鸣，百花齐放。而"以人为本"的管理哲学思想，基本上是春秋战国时代诸子百家唯一形成的共论。它虽不是儒家的独创，但儒家在对人本思想的阐述和运用上同样达到了其他学派、其他流派达不到的高度。"民贵君轻，社稷次之"，"为治以人才为本，人才以教化为先"是其最典型的代表和最经典的语言。

1. 政治思想管理以"礼"为主

孔子生活在"礼崩乐坏"的春秋晚期，以维护周天子的正统性和重建文武周公大业为己任，孔子"祖述尧舜，宪章文武"，处处称道周礼。而周礼，是用严格区别亲疏、长幼、贵贱、尊卑、上下、男女的氏族宗法制度、贵族等级制度、财产分配制度和伦理道德规范，来维护和巩固统治者的地位的。孔子主张"天下有道，则礼乐征伐自天子出"，"天下无道，则政不在大夫"，"天下有道，则庶人不议"。要实现这一目的最有效的手段便是"正名"，而要实现"正名"，单靠政治手段是不行的，还必须借助于"德""礼""德之以政，齐之以刑，民免而无耻；道之以德，齐之以礼，有耻且格"，就是说，用政治刑罚的手段统治人民，只能免于犯罪，却没有自觉惭愧之心，如果用道德和礼教引导人民，人民不但自觉惭愧，而且会真心归服。

2. 伦理思想管理以"仁"为先

仁是儒家思想的精髓，也是儒家伦理思想的核心。所谓仁是通过自己内心修养，形成"仁"这个德性。仁，从人从二，指人与人之间的关系。"仁者爱人"便是这种关系的体现。作为统治者要"节用而爱人，使民以时"，"博施于民而能济众"。只要做到了这些便可"天下归仁焉"。孔子把伦理范畴的"仁"和政治范畴的"礼"结合起来，形成不可分割的仁礼观，共同构成了统治者治理国家的两个利器。礼是手段，仁是目的，"克己复礼为仁"。孟子更是把孔子的"仁"学发展成为仁政，进而提出"民贵君轻"的思想。儒家仁者提出爱人的仁学思想是出于消除和缓和阶段矛盾的需要，但其仁爱思想则成了调整人与人之间的一道极其重要的法则。

3. 人员关系管理以"孝"为重

孝是中国维持家族宗法体系的重要思想。儒家把孝看成是"仁"的重要组成部分。不孝即为不仁，主张"君君、臣臣、父父、子子"，"父母在，不远游"。[①] 要达到"为仁由己"的境界，必须尽孝。孝顺父母、顺从兄弟的人，是很少犯上的，不喜欢犯上的人，是不会作乱的。因此，抓住这个根本，就能防止犯上作乱了。礼作为一种制度，正是以血缘为纽带，以氏族为细胞，所组成的宗法层次结构，推而广之，扩而大之，就是国家。到了宋代更是发展成为"三纲五常"，作为宗法伦理的教条。"礼"加上"恭、宽、信、敏、惠"。"恭则不侮，宽则得众，信则人任焉，敏则有功，惠则足以使人"。共同构成了一个完整的体系"能行五者于天下为仁矣"，[②] 就一般的社会公德而言，这五者都有其合理性。恭、宽、信、敏、惠、静、刚、毅、木、讷便成了尽孝成仁有礼的标准。

4. 经济管理以"义"为主

儒家思想是重义轻利的。"罕言利"，"君子喻于义，小人喻于利"。不言利并不等于不讲经济，孔子也十分注重用物质来刺激鼓励学生，"学也，禄在其中矣"，只是十分注重强调得利的手段要合理合法。"富与贵，是人之所欲也，不以其道得之，不处

---

① 《论语·里仁》。
② 《论语·阳货》。

也；贫与贱，是人之所恶也，不以其道得之，不去也"，"不义而富且贵，于我如浮云"，也就是常说的"君子爱财，取之有道"。同时，儒家的经济思想，具有天下大同平均主义的色彩，如《论语·季氏》中有言，"丘也闻有国有家者，不患寡而患不均，不患贫而患不安，盖均无贫，和无寡，安无倾"，如此，天下便可治，便太平了。信是礼的一个重要内容，讲究人的操行，修身养性。要求修身要讲究一个"诚"字，遵守一个"信"字，"不知礼，无以立"，"君子耻其言而过其行"，"言必信，行必果"，"君子不亮，恶乎执"，君子不讲诚信，怎么能保持操守？"信而又信，谁人不亲？"① 十分诚信，谁能不亲近呢？通过要求人讲诚守信，修身养性以达到"为国以礼"的目的。

5. 人际管理以"中庸"为主

前面分析的儒家管理哲学思想讲的重点是如何治理国家、实施统治，多属世界观和认识论，那么儒家思想中的中庸之道，则主要是讲方法论，它提出了处理问题的尺度，主张执两用中的"执其两端，用其中于民"，强调"过犹不及"，作为道德观，它又具率诸德的普遍作用。何谓"中庸"？朱熹认为中者，不偏不倚，无过不及之名。庸者平常也。程颐认为：不偏不谓中，不易不谓庸。中者，天下之正道，庸者，天下之定理。中庸思想虽不是儒家思想的核心，但作为一种管理哲学，中庸之道对中国及其周边国家和地区的影响并不逊于礼和仁。

儒家以人为本的思想在艺术设计中的作用体现在它把"人"放在第一位，把思想政治工作摆在首位，把尊重人、爱护人、善用人作为艺术设计的最高法则，提出了今天现代艺术设计仍在不

---

① 《吕氏春秋·杂俗览·贵信》。

断追求的一种近乎完美的模式，主要表现在下述三个方面。

第一，儒家管理，倡导学习，重视教育，以提高人的素质为核心，对于艺术设计教育有借鉴作用。以儒家学说为核心的东亚传统文化，一贯倡导学习，重视教育，为经济的发展提供了人力和智力资源。尊师重教是儒家思想的精髓和传统，也是儒家思想"以人为本"把人放在第一位的体现，"为治以人才为本，人才以教化为先"。[①] 故此，东亚各国和地区十分注重在发展经济的同时，大力发展教育事业，把提高国民素质放在第一位，从而为国民经济的迅速发展准备和提供了丰富而宝贵的人力资源。

第二，在东方文明中，儒家重伦理，善于调整人与人之间、人与社会之间的关系，强调和谐友善，注重集体的力量，"礼之用，和为贵"。主张忠、孝、仁、礼、义、廉，主张等级制、宗法制、家庭制。靠稳定的人际关系、稳固的家庭关系、家庭观念来自觉地创造和维护社会的安定，营造一种良好的社会机制和和谐的人际关系环境有利于经济的发展，主要表现在"君之视臣如手足，则臣视君如腹心；君之视臣如犬马，则臣视君如国人；君之视臣如土芥，则臣视君为寇仇"的上下和谐和人际环境；以及"乐民之乐者，民亦乐其乐""忧民之忧者，民亦忧其忧""其身正，不令而行；其身不正，虽令不从"[②]"政者，正也，子帅以正，孰敢不正"等强调团结、严明纪律、强调表率、身先士卒、服从领导、服从权威等思想；"吾日三省吾身""躬自厚而薄责于人""夫子温、良、恭、俭、让以得之"的谦虚自制，踏实认真，严于律

① （宋）胡瑗：《松滋县学记》。
② 《论语·子路》。

067

己、宽以待人的思想。

第三，儒家强调节俭、反对浪费的精神对创办节约型社会具有借鉴作用。儒家提倡节俭的精神为艺术的振兴提供资本的积累有利于艺术的恢复和发展。翻开儒家的著作，随处可见先贤大哲对帝王扬俭抑奢的说教和训示。在儒家看来，人君能否遵守社制、节制嗜欲和崇尚克俭，乃是直接关系到国家社稷之强盛存亡的大事。对于一般平民百姓，儒家也同样强调应该用财有制、勤俭持家，如孟子主张"身贵而愈恭，家富而愈俭"[1]，并告诫人们"祸生于欲得，福生于自禁"，这种崇俭尚朴的观念，经过漫长的历史积淀演变成大部分国家和地区家庭生活的传统习俗，有力地促进了东亚地区的经济增长。社会主义企业其性质决定了艺术家们的主人翁地位。因此，在艺术设计方面，更应该注重发挥每一个艺术设计者的积极性、创造性，把关心人、爱护人、尊重人放在第一位。

三、西方真善美相统一的伦理思想

恩格斯在谈到 18 世纪末与 20 世纪初文明国家的民主，即现代意义上的民主在瑞士的发展时，曾把瑞士守旧的、顽固的牧民为维护旧制度而抗拒历史潮流看作是"愚昧对教养、野蛮对文明的反抗"[2]。此处，"文明"表示着人类社会物质精神生活不断发展进步的要求。这个意义上的"文明"与合理、进步、符合人性要求等语义基本相通。然而，合理、进步、符合人性要求并不是

---

[1] 《荀子·儒效》。
[2] 《马克思恩格斯全集》第 4 卷，人民出版社 2012 年版，第 387 页。

空洞的词句，它是人类发展的某些共性体现，而且在不同的生活领域里往往形成了其特定的内涵和要求：在社会物质生活中，人们通常把富强、民主、和谐（或和平）作为社会文明——社会进步发展的根本内容和要求，就是说一个社会是不是文明，就要看它是否能达到富强、民主、和谐（或和平）的要求；在社会精神生活中，人们通常把"真、善、美"作为精神的崇高境界，即作为社会精神进步发展（即精神文明）的根本内容和要求，就是说，一个人和一个社会的精神是不是文明的——是不是进步、合理的，必须看它是否真正达到了"真、善、美"的要求。因此，精神文明也可被称为"文明的精神"，即合理、进步、符合人性要求的精神，这种文明的精神就是真、善、美的精神，换句话说，真、善、美构成了这种"文明的精神"的根本内容。

1. 精神文明中的"真"

"真"为什么能成为精神文明的根本内容呢？这是由真理自身的价值决定的。首先，真理作为关于事物规律的正确认识，以关于客观规律的知识武装人们的头脑，达到人们精神上的充实和完善，这是一种理性的价值。其次，真理作为事物规律的知识和团结群众的理性旗帜，一旦为广大人民群众所掌握，就会与具体实践相结合，变成改造世界的伟大物质力量，这是一种实践指南的价值。总之，真理使人智慧，可以满足人们精神上自我完善的需要；真理给人以力量，可以满足人们克服困难、增强胜利信心的需要；一切文明的时代都是真理大发展的时代。古希腊文明堪称文明的典型，那时真理的发展也同样举世瞩目。正像克莱夫在回顾古希腊文明的成就时所说的一样，"希腊人在追求真理中表现的忘我精神，曾遭世俗庸人非难，但他们在数学、推理几何学研究上攀登的高度，至今仍使有资格考察这个领域并已作过研究的人们惊叹不已"①，正是真理与文明之间的这种必然关系，所以，我们把"真"作为精神文明的根本内容之一。真或真理作为精神文明的重要内容，具体体现在两个方面，即真理的获取（认识）与真理的信仰。

真理的获取。真理的获取从精神现象的角度讲，它属于社会意识形态的范畴，指人们在科学、哲学的领域中取得的成就，即已获得的正确认识。提到真或真理，人们会情不自禁地把它与科学联系在一起，但在这里，我们有必要明确它们的关系。实际上，科学并不等于真理，科学是精神活动的内容，但它并不直接构成精神文明的内核。因为，真理是科学活动的必然产物，而并不是所有的科学活动都必然会认识和发现真理。科学只是一种精神活动，在它还没有取得真理的认识时，它就不具备文明的荣光，人们之所以把科学与真理等量齐观，是因为科学是通往真理的必由之路，但科学如果不能达到自己的目的——发现真理，就没有价值，也丝毫不会有利于社会的进步，那样也当然谈不上文明不文明了。一个社会、一个时代所具有的精神文明不是看这个社会有多少人在从事科学活动，也不是看其发展科学事业的规模有多大，而是要看这个社会最终在科学领域取得了多少成就——获取了多少真理。一个社会一个时代对精神文明的贡献是在于后者而不是前者，后者才是文明的最好注脚。

在社会意识形态的发展过程中，真理的认识或获取主要表现为以下的内容：（1）发现新的规律，并把新的真理补充到我们已经取得的被确认或固定了的真理体系之中。如医学上血液循环理论的发现、经典力学的成熟等都经历了一个不断地把新的发现的

---

① ［英］克莱夫:《文明》，商务印书馆 1990 年版，第 60 页。

真理补充到既有的真理之中去的过程。(2) 用更精确或更全面的公式代替相对不太精确或不太全面的公式。如17世纪解析几何学的出现，它能把代数学和几何学结合起来，把数和形结合起来，从而使原来由几何学和代数学分别难以解释的问题得到更精确和更全面的解释。(3) 发现错误或不当之处以及对错误或不当之处进行修正。如"哥白尼日心说"对"托勒密地心说"的否定以及后来布鲁诺、开普勒等人对"哥白尼日心说"的进一步修正和完善。(4) 抛弃那些已经被反面例子证明是错误的归纳、解说或推理。如伽利略发现的"自由落体定律"对"亚里士多德落体定律"的否定；列宁"社会主义革命一国先胜论"对马克思恩格斯关于"社会主义革命共同胜利论"的发展。

真理的信仰。发现真理与信仰真理并不是一回事，少数人或个别人发现、发展了真理，而大多数人对此不相信或不感兴趣，甚至嘲笑压制，这样的事情是层出不穷、屡见不鲜的。布鲁诺因为发展了太阳中心说（发现宇宙是无限的），不仅没有人感谢他的发现，反倒被教会活活烧死了；赫胥黎因为发现人是猴子进化而来的却导致了当时几乎所有"有身份"的英国人都对他咬牙切齿；我国古代科学家张衡因为发明了地动仪、浑天仪，也有不少人骂他是个疯子。精神文明中"真"的内容为什么要包括真理的信仰呢？这是因为完善的"真"或真正体现文明的"真"必然是真理的获取与真理的信仰的有机统一。没有真理的获取，当然谈不上真理的信仰。但是有了真理或者说发现了真理，却不去尊重它、信仰它、利用它，也就像把淘出来的金子又重新埋进沙土里去一样，真理得不到实践主体的尊重和认可，就完全丧失了其自身的价值。我们在前面已说过，真理之所以被列为文明的内容就在于它自身的价值。而今它失去了自身价值显然也就与文明失去了缘分。总之，一个真理被排挤、被践踏的时代是称不上文明的。所以对真理的信仰就应当成为精神文明中"真"的内涵的必然组成部分。

真理的信仰从具体内容上可分为两个方面：尊重真理和运用真理。尊重真理，一方面包括人们积极主动地对已取得的真理成果的钻研、学习和把握。这是人类对认识未知领域的无穷兴趣和坚韧不拔精神的良好表现，而对真理成就不闻不问则是人类进取心泯灭的表现。另一方面包括人们对真理追求者的热爱和崇敬。一个社会对真理的不尊重往往也表现为对真理发现者、追求者的打击嘲讽，甚至迫害。一切真理遭排挤，真理追求者遭迫害、打击的时代必然都是精神文明大滑坡的时代。因此，要建设精神文明，要尊重真理就必须培育人们热爱真理、反对迷信的理性精神。运用真理，就是在尊重真理的基础上把真理的成就利用于社会实践。建设精神文明之所以要倡导运用真理，就是要树立起人们实事求是、从实践出发、理论联系实际、按客观规律办事的良好行为习惯以及为追求真理不惜个人利益的牺牲精神。

信仰真理在日常生活中往往又表现为热爱科学、尊重知识、尊重人才，因为，真理总是通过科学知识这种形式表现出来。自然科学、社会科学分别展示出人们对于自然现象、社会现象的真理认识，真理寓于科学知识中，因此人们对真理的价值取向，往往通过人们对各种科学知识的评价、选择、取舍的态度表现出来。一个社会如果普遍尊重科学知识、尊重拥有科学知识的人才，使他们充分发挥作用，以充分实现真理的价值，那么，我们可以说在这个社会中流行的或倡导的就是一种信仰科学真理的价值观念。相反，如果一个社会不重视知识和科学人才，甚至大量埋没人才、压制人才，这样不仅真理出不来，既有真理的价值也无法实现。那么，我们可以断定，在这个社会中流行的或倡导的就不是一种信仰科学真理的价值观念。这样的社会也就谈不上有真正的文明。

2. 精神文明中的"善"

为什么"善"能作为精神文明的根本内容呢？这是由善自身的价值决定的。社会确定了对大多数人有利的政治、法律、道德生活原则——善，社会就会大进步，社会文明就会大发展。为什么历史上每一种剥削阶级的社会形态在其建立初期都能促进社会的大发展，给人类创造新的巨大文明呢？原因正在于其初期能自觉地认识和追求善——确立有利于（相对而言的）多数人的社会原则，由是可见善与文明的内在联系。善之所以具有文明的价值特性，就在于一方面社会善的确立能充分调动多数人的积极性和主动性，能照顾多数人的利益，能有利于社会的安定和谐，从而保证社会的顺利进化和发展；另一方面，从主体观点上讲，人们对个人与社会以及个人之间关系的正确认识和把握即对善的追求和响应，事实上正是人类理性发展的产物，是人类从自由走向必然的标志，恰恰也是文明人区别于野蛮人的重要标志。所以说社会的善总是与人类的文明进步紧密联系、不可分割，因而研究精神文明就不能不剖析"善"、研究"善"。

善作为精神文明的内容，具体又从以下两个方面得以表现。

善的确认或规定。马克思主义认为，善即对多数人有益有用，可是精神文化中哪些东西是对大多数人有益有用的呢？怎样使它们对大多数人有益有用呢？这既是一个实践问题，也是一个精神活动的问题。它首先必须从意识形态中寻找答案。意识形态中的政治法律思想、道德宗教都是有关社会关系、利益矛盾调整的社会意识活动，社会中善与不善的原则和内涵都是通过它们来规定和确认的，它们是善的精神原则的具体表现途径。因而善的精神内容又可以具体划分为以下几个方面：（1）政治的善，即政治思想和政治活动中符合多数人利益的思想、原则和规范。如民主、法制、公平、守信、廉政、开明等理论和原则。（2）法律的善，即法律思想、法律条文中对多数人有利有用的思想、原则和规范。如权利义务平等、婚姻自主、禁止偷窃的思想、原则等等。（3）道德的善，即道德思想与道德活动中的有利于人民大众的伦理原则和规范。如热爱集体、尊老爱幼、讲究卫生等等。（4）宗教的善，宗教在文明高度发达的今天固然已失去了善的现实性，但其在历史的发展过程中的确起过善的作用。在科学不发达的愚昧时期，以宗教来慰藉灵魂对芸芸众生而言无疑是一种精神的解脱，这种解脱当时对多数人而言不能说是无用无益的。宗教只是在科学和文化日益发展中才逐步走向人们善良愿望的反面的。

善的追求。就是要培养人们善的心灵，激发人们主观上对善的挚爱和渴求。精神文明中善的内容为什么要包括善的追求呢？因为善的确认或规定只是一种静态的客体化的精神部分，而主体在心灵上对这种客体化精神的认同则是善的精神的另一动态部分。精神文明中完整的善即静态善与动态善的统一。没有一定的人和社会来完成善的规定或确认，当然社会成员就谈不上对善的追求和认同。但是有了善的规定和确认，而没有主体的呼应，主体仍然是我行我素，那么善的规定和确认就毫无意义，因此，善就不能发挥其应有的价值，从而也就不能达到文明的境界。当前我们在民主政治建设中为什么特别强调"主体的民主化"，道理就在这里：有了民主的原则（堪称善的规定），如果没有主体对民主的响应（堪称善的追求和认同），民主政治就是一句空话。

善的追求和认同具体就是指人们把善的外在要求内化为主体的自觉要求，使善由社会的要求变成自我的需要，即使主体与善的规定达成认同。而主体一旦达到善的认同，成为善的规定的自觉维护和追求者，则往往表现出下列善的精神品格：（1）忠诚，即诚恳忠实，作为一种善的品格具体表现为对人民对祖国的赤诚之心。（2）仁爱，通俗地讲就是与人为善。一个以天下为己任的人，没有仁爱之品德是不行的。（3）正义，即处世办事公平合理，一个人如果没有正义感就会被私欲所吞噬，就无法明辨是非，就不可能去真正追求善。（4）诚信，即诚实不欺，遵守诺言。一个国家言而无信即会失信于民；一个人言而无信就会失信于朋友。因此，信用也是主体心灵善的重要内容。（5）洁身自爱。中国人历来强调富贵不淫、威武不屈、贫贱不移。把节俭、骨气视为传统之美德，这对于今天的人们仍然是十分有价值的要求。（6）勤劳，办事勤奋负责，积极参加劳动，反对过寄生生活，反对懒惰和不负责任。（7）谦虚，只有谦虚谨慎才能脚踏实地为人类默默奉献。谦虚是中国的传统美德之一，我们今天应当继承和发扬。（8）孝敬，即在人格平等的前提下，晚辈自觉敬重爱戴父母和长辈，并积极赡养父母。

以上这些品格的实现是主体达到对社会客观善的认同——形成善的自觉意识的根本标志，也是精神文明中善的内涵得到完美体现的基本前提。

3.精神文明中的"美"

雅典人对艺术美的看重，文艺复兴时期意大利人给予艺术家的非同一般的荣誉，充分证明了文明与美的内在联系。任何完整的"美"的存在，都离不开一定的美的客体和审美主体，从精神活动的角度讲，前者涉及创造，后者涉及鉴赏。

美的创造。美的创造在精神文明中指的是美的客体，即美的精神产品的创造。美的客体通常分为自然美、社会美和艺术美。自然美（不包括人工自然美，人工自然美属艺术美）不是人类精神活动加工创造出来的，不能反映出一定时代精神发展进步的水平，因而不属于精神文明中美的内容。所以，在精神文明中所指的客体实指社会美和艺术美，而社会美实质上是指社会领域中的善，社会美的创造与社会中善的确认和规定是完全一致的。善的内容已如前述，这里所要研究的美的客体实际上就是指艺术美。因此，作为精神文明根本内容之一的美，实质上就体现为艺术美的创造和艺术美的鉴赏。

常有人把艺术与美之间画上等号，其实不然，艺术是一种创造美的精神活动，而这种精神活动有可能创造出美，也可能没有创造出美，为什么有的人搞艺术成了名扬天下的艺术家，而有的人却默默无闻；有的人成了大画家，而有的人则一辈子都是一个普通的画匠呢？原因正在于前者通过艺术创造了更多的美而后者则不然。况且，有时由于社会其他因素的干扰有的人不仅不会创造美，相反正可能制造出丑，如淫秽的绘画、小说、颓废的音乐等。因此，我们可以把艺术视为精神文化的内容，而把美作为精神文明的内容。

美的鉴赏。通俗地讲就是"审美"。美的鉴赏或审美之所以是精神文明中美的内容的一部分，就在于：一方面，没有美的鉴赏就没有美的创造，没有人不去爱美的，即所谓"爱美之心人皆有之"。当然，审美本身也是一种精神价值，它是随着人类意识的发展而产生的。普列汉诺夫在《论艺术》中认为，原始人类在很长的时间内是没有审美活动的。所以说审美意识实际上是人类走向文明的标志，马克思曾经说过，人类的文明时代，是指学会对天然产物进一步加工的时期，是真正的工业和艺术产生的时期。[①] 这里所谓的文明标志着人类有了工业、艺术和审美能力。所以美的鉴赏不仅是每个正常人所需要的，也是与文明本身紧紧相连的。另一方面，如果创造了美，而人们不去欣赏或根本不懂得欣赏，这无疑也是文明的缺憾。勃朗宁的诗、凡·高的画，当时人们不能理解，等作者去世后许多年，这些作品的价值才被充分认识到，这对当时来说，难道不是一种"美中不足"吗？人们不懂得欣赏真正的美，就无异于对美的创造的扼杀。

在现代文明生活中，审美更有特别重要的意义。一切文明都是要人去建设才能获得的，而一个人要真心能够承当文明生活的建设者，就必须是一个懂得美、热爱美的人。一个人审美趣味低级庸俗，那是不可能创造出真正的美的东西来的，相反还会葬送既有的美。

美的鉴赏的内容在日常生活中通常又表现在两个方面：一是对艺术和艺术家的热爱。艺术毕竟是美的源泉，艺术家是源泉的开掘者。因此，对艺术和艺术家的尊重起码是对美的认识和尊重的基础。否则，就谈不上对美的艺术作品的享受。我国"文革"时期，大批的艺术家、文艺工作者受到了迫害，而他们所创造的艺术成就（文学、绘画、影剧、歌舞作品）也遭到了与主人同样的命运，如大量的文学艺术作品从艺术家的收藏室里被扫进了垃圾堆或送去了废品站。而"文革"时期恰恰正是真、善、美遭受

---

① 《马克思恩格斯选集》第四卷，人民出版社1961年版，第387页。

厄运的黑暗时代，这足以说明文明进步与人们对艺术和艺术家的热爱是息息相关的。二是对艺术作品的鉴别能力，它需要健康的审美态度和对审美规律的正确认识。拥有正确的艺术鉴别能力，是美享受的根本前提，一个人没有高尚的鉴别能力，会把美的当作丑的或把丑的当作美的。因此，只有树立正确的审美态度，充分把握审美规律，不断提高人们的审美能力，才能真正创造一个热爱美、追求美的文明时代。

4. 社会主义精神文明是真善美的统一

在社会精神生活中，既有真善美的东西，又有假恶丑的东西，真善美与假恶丑相比较而存在。人类的精神实践活动，在本质上都是为了追求真善美统一的理想境界。社会主义精神文明内容的根本特征就是能够真正达到真善美的统一。在社会主义精神文明中，真善美不仅是客观存在的，而且它们之间是相互联系、相互作用、有机统一的。

首先，真是善和美的基础。客观世界的任何事物和现象，都是按照一定的规律运动着、发展着的，是不以人的意志为转移的。人们要正确认识事物，就必须从客观实际出发，努力把握事物发展的规律性。科学家们苦心探究的就是客观事物发展的规律性，他们在卷帙浩繁的巨著中所阐发的就是对客观规律的认识。而客观存在的规律是不能违背的，人们只有尊重客观规律，按客观规律办事，即认识真理、把握和运用真理，才能造福于社会、造福于人民。这正好说明真是善的基础。没有真做基础，人们就会犯各种错误，就会害人害己，给社会和人民造成各种损失，这便是恶的发轫。因而，人们只有达到对真理的获取和真理的信仰，才能真正获得善的认识和善的追求及认同。

真与美的关系，是人们早就关注的问题。古罗马哲学家普洛丁就说过："真实就是爱，与真实对立的东西就是丑。"[1]法国古典主义者波瓦洛也说过："只有真才美，只有真可爱。"[2]尽管人们对真与美的内容各有不同的理解，但是美与真的密切关系却是公认的。真是美的基础，美不能离开真，更不能违背真。马克思曾把人的生产劳动看成是"按照美的规律来塑造物体的一种创造性活动"，就因为人的劳动不仅是有意识、有目的的活动，而且还能认识规律、把握规律，按规律办事，这样就为美的创造奠定了基础。比如花匠所从事的劳动，如果他不能遵循和把握花卉、植物生长的规律，他就不能创造出美丽的花卉盆景。文艺作品也是如此，徐悲鸿画的马之所以栩栩如生，给人美感，就在于画家真正了解和把握了马的结构和运动规律。要知道，一个不熟悉马的人是绝不会画出绝妙的"骏马图"来的。

其次，善是美的前提。美的精神不仅要真而且要善，对人类要有益有利。鲁迅先生说："在一切人类所以为美的东西，就是在于他们有用于为了生存而和自然以及别的社会人生的斗争上有着意义的东西。"[3]所以说善是美的前提，离开了善就失去了美。任何东西（精神和物质的）从一般意义上讲，它都不能妨碍对人类的实用。从积极的意义上讲，它应该有利于实用。自然界的花草很美，它可以点缀我们的环境、美化我们的生活，可是在庄稼地里生长的各种花草，农民则非要锄掉它不可，因为它们妨碍了

① 北京大学哲学系美学教研室编：《西方美学家论美和美感》，商务印书馆1980年版，第58页。
② 北京大学哲学系美学教研室编：《西方美学家论美和美感》，商务印书馆1980年版，第81页。
③ 《艺术论》序言，《鲁迅论文集》，第6卷，人民出版社1958年版，第583页。

农民的收成。同理，精神文明中的艺术美也必须以善为前提，一部文艺作品只有表现了健康的、积极向上的思想情感和社会理想，才可能是美的，否则就是丑的。中国儒家文化中的孔子就很强调文艺作品的思想倾向性，主张文艺应该"乐而不淫""哀而不伤"，他很推崇《韶》乐，因为《韶》乐不仅曲调好听，而且歌颂了尧、舜的圣德，故曰"《韶》，尽美矣，又尽善也"①。他对《武》乐却十分鄙视，因为《武》乐表现了武王征伐天下的倾向，这与他"为政以德"的思想是矛盾的。当然，孔子这里所谓的美，是反映奴隶主阶级利益的善，它与我们所追求的社会主义的善是有本质区别的，但是，从理论上看，它与强调文艺美必须以善为前提是一致的。毛泽东同志说过，社会主义文艺是为人民服务的，首先是为工农兵服务的。这一思想就充分说明了社会主义精神文明中美与善的关系——美必须以善为前提，以为人民大众服务为出发点。

再次，善是真的落脚点。人类认识真理、获取真理是为了把握真理、运用真理，造福于人民。可见，真理的根本价值即在于它的善——对人类有用。社会主义精神文明不同于一切其他社会文明的地方就在于它能够充分把握住真理的这种价值特性，使真理能真正造福于人民大众，从而使真与善在文明中达到统一。而这一点剥削阶级社会就难以做到。

总之，社会主义精神文明建设不仅要不断地创造真善美的精神文化，不断排除精神文化中那些假恶丑的东西，而且要促进真善美之间的协调发展，使之达到有机的和谐统一，从而真正展现出社会主义精神文明的广泛性和高度性。

---

① 《论语·八佾》。

第三节　我国艺术伦理深层内涵进一步研究的探索

一、探究艺术伦理的核心道德原则

艺术伦理的核心道德原则应该是"美善相乐"，即追求内容善与形式美的统一，追求艺术作品的道德感与美感的统一，追求道德价值与审美价值的统一。美作为艺术追求的最高评价标准，善作为道德所追求的最高境界，美善关系在一定意义上可以引申为艺术与道德的关系，追求"美善相乐"的过程也可以引申为艺术对社会伦理关系产生作用的过程。艺术注重的是内在的情感熏陶，道德注重的是外在的理性规范；艺术是情感层面，道德是理性层面；艺术的终极目标是美，道德的终极目标是善；情感与道德相结合，以情感人与以理服人相融合，就可以达到美善统一的目标。

儒家学派的创始人孔子将"尽善尽美"作为评价音乐艺术的最高准则；荀子在《乐论》中又进一步提出了"美善相乐"的思想，曰"乐行而志清，礼修而行成，耳目聪明，血气和平，移风易俗，天下皆宁，美善相乐"。[①] 我国古代礼乐思想中这种"美善相乐"的思想完全可以作为当代社会形式下艺术伦理评价的核心准则。因为在"美善相乐"这一核心原则指导下，艺术创作者可以追求作品内容与形式的高度统一，提升作品蕴含的美感和道德感，创作出具有高度艺术性和思想性的优秀作品，进而获得更好的经济和社会效益；传播者可以在这一原则的指导与规约下切

---

① （战国）荀子：《乐论》。

实担负起自己的道德责任，用先进艺术引领多元，传播符合社会道德要求的主流艺术；欣赏者则可以在这一原则的引导下提高欣赏品位，明辨艺术活动中的是非、善恶、荣辱，选择、分析和接受对个人与社会发展有积极影响的艺术作品，在艺术享受中获得美感与道德感，满足不同的精神需求。

考察艺术伦理的研究现状发现，目前学界所着力探讨的是艺术与道德之间的互动关系。他们基于历史上关于艺术与道德的关系之争论——如艺术是应该独立于伦理道德之外，还是受伦理道德的约束，抑或是艺术与道德相互融合、密不可分——纷纷提出了自己的观点。对于什么是艺术道德，罗国杰教授在《伦理学名词解释》中指出，"艺术道德是艺术工作者在艺术实践中所应遵循的道德规范和所应具备的道德品质"[1]。而对于艺术与道德的关系，目前学界相关人士的观点基本趋于一致，他们认为：艺术与道德既有异同，又有联系，二者密不可分。

中国文化的责任意识主要注重人伦角色职责的履行，而不是对权利的要求不同，中国人的责任意识主要体现在人伦关系中。因而中国人的伦理关系上的平等不是权利和义务的平等，而是义务的平等；权利和义务的对等性通过义务之间的对等性表现出来。建设和谐文化，是构建社会主义和谐社会的重要任务，弘扬民族优秀文化传统进行社会主义道德建设，是建设和谐文化的重要内容。我国道德建设的一个重要课题就是如何把继承优良传统与弘扬时代精神相结合的问题，其前提是对中国传统伦理道德文化进行扬弃。中华民族的传统伦理道德文化，是中华民族在长期发展过程中所形成的、凝聚一个民族的重要

---

[1]　罗国杰：《伦理学名词解释》，人民出版社1984年版，第25页。

的精神力量之一，在新世纪新阶段，理应充分发挥中国传统道德积极进步的作用。

二、中国传统伦理道德文化的基本内容

中国传统伦理道德文化的基本内容主要是通过道德规范表现出来。如果我们把道德比喻为一张网，那么规范作为网的经纬线必然是丰富而具体的。中华民族在长期的道德实践中，逐步积累与形成了一些世代相传，并不断调整和更新其内容的道德规范，比如仁、恕、忠、孝、诚、信、礼、义、廉、耻，等等。中国传统伦理道德文化中的规范非常多，每一个规范都有其独特内涵，另外，规范更主要是对行为的规定。

中国传统伦理道德文化浩瀚渊博，有诸多的道德规范，有丰富的践履道德规范的德行，有如何实现道德社会的道德教育思想，有中国文化独到的修身之道。

在我国，传统道德主要指的是儒家道德，其创始人是孔子。孔子生活在春秋时期，时值奴隶制社会向封建制社会过渡的诸子百家争鸣的时期，他从自己的政治理念出发形成他全面系统的道德思想。他以"仁"作为最高的道德境界，将"孝""悌""礼""信"等德目置于其下，形成了中国最早的道德学说。中国传统伦理道德规范最早产生于原始社会末期的尧舜时代，《尚书·尧典》中就有"以亲九族""协和万邦"的表述。在殷墟的甲骨文字里有"礼""德""孝"等文字，说明商代就已制定了体系性道德规范，出现了所谓"六德"，即知、仁、圣、义、忠、和。

"仁"是孔子道德思想和道德学说中的核心概念。"仁"的

含义最基本的解释是"仁者人也"。"己欲立而立人、己欲达而达人""仁者爱人"，就是说要把人当人看，而且要爱人。在孔子看来，"仁"是社会规则和人文精神的基础，"人而不仁，如礼何？人而不仁，如乐何？"[①]在春秋战国时期，各国的君主忙于征战，政治上的功利压倒了道德上的考虑，所以，孔子的学说在他生前和死后的一段时间内实际遭受着冷遇。封建主阶级的政权得到巩固后，如何保持社会的安定，成了统治者考虑的首要问题，此时，孔子道德观因具有统一人民思想、稳定社会秩序的功效而受到重视。到汉武帝的时代，董仲舒根据孔子的道德教义，在提出"三纲""五常"的同时，用"罢黜百家，独尊儒术"的强硬手段，将儒家道德观念上升为中国封建社会的政治伦理。

商代"六德"就提出了知、仁、圣、义、忠、和六个规范；孔子伦理思想中的道德规范主要包括"仁""孝""悌""忠""信"等；《管子·牧民》中提出"礼义廉耻，国之四维"政治伦理的规范；战国时期，孟子上继孔子，提出了"仁""义""礼""智"四德说，并提出"五伦"，即父子有亲、君臣有义、夫妻有别、长幼有序、朋友有信的伦理原则。董仲舒根据孔子的"君君，臣臣，父父，子子"，提出"三纲"（《春秋繁露》），即君为臣纲，父为子纲，夫为妻纲；和仁、义、礼、智、信"五常"（《举贤良对策》）说。宋元时期，人们在管子的礼义廉耻上，增加了孝悌忠信，就成了"孝悌忠信、礼义廉耻"八德。

张岱年先生在总结传统道德规范的基础上，提出了中国传统伦理道德的九个主要规范：公忠、仁爱、诚信、廉耻、礼让、孝

---

① 《论语·八佾》。

慈、勤俭、勇敢、刚直的"九德"。①

国家教育委员会组织编写，罗国杰主编的《中国传统道德》的多卷本《规范卷》中把中国传统伦理道德规范分为四个大的部分：第一部分是基本道德规范，有公忠、正义、仁爱、中和、孝慈、诚信、宽恕、谦敬、礼让、自强、持节、知耻、明智、勇毅、节制、廉洁、勤俭、爱物；第二部分是职业道德规范，有政德、武德、士德、民德、商德、师德、艺德；第三部分是家庭伦理规范，选取了三个最主要的方面，它们分别是关于亲子关系的规范、关于夫妻关系的规范、关于长幼关系的规范；第四部分是文明礼仪规范，分别是尊老敬贤之礼、接人待物之礼、仪态言谈之礼、庆典婚丧之礼。

这些道德规范渗透在社会生活的各个领域，形成中国封建社会的道德规范体系，充分反映了中华民族在人类道德文明上的智慧和贡献。当然，中国传统道德规范又具体体现着统治阶级的思想和要求，成为统治阶级实现统治的有效工具。所以，对待中国传统道德规范既要继承也要批判。

第一，天下为公。其本质是中国传统伦理道德思想中的整体意识。中国传统伦理道德思想中的天下，既有"普天之下，莫非王土"的天下，也有以仁义为内容、以社会道德风气为主要表现的天下。如顾炎武"仁义充塞，而至于率兽食人，人将相食，谓之亡天下"。② 显然，这两个天下有不同的内涵和阶级属性。但它们或把统治阶级的利益升华为一种神圣的、必须普遍遵守天命的整体意识，或超越个体的、局部的利益，形成统一的、具有社

---

① 张岱年：《试论新时代的道德规范建设》，载《道德与文明》1992 年第 3 期。

② （清）顾炎武：《日知录》卷十三《正始》。

会性利益的整体意识。

因此，出现了中国传统伦理道德文化的核心规范——公忠。什么是公？"背私谓之公。"《韩非子·五蠹》云"公者通也，公正无私之谓也"，班固《白虎通·爵》也有近似提法，即是说与私相背、相反，就是公。而"忠也者，一其心之谓也"。(《忠经·天地神明章》)，忠就是"尽己"，是对人、处事的一种态度，是说一个人为人处事能尽心尽力，全力以赴，没有任何保留。"忠者，中心而尽乎己也。"(《谭嗣同全集·治言》)。这样"忠"的外延就很广，"临患不忘国，忠也"(《左传·昭公元年》)，"教人以善谓之忠"(《孟子·滕文公上》)。以身报国，尽力帮助别人，并且始终如一，都谓之"忠"。

"公忠"则兼有"公"与"忠"两个字的含义。讲的是对于国家利益、民族利益、社会整体利益的忠诚。它强调的是国家利益、民族利益至上，"以公灭私""至公无私"，强调的是为社会尽责、为天下尽忠的献身精神。实际上包含了爱"君"之国家和爱"大家"之国家这两种内容和性质的爱国主义。其中虽然具有局限性，却也形成了"得民心者得天下""不以天下之大私其子孙""天下兴亡，匹夫有责""先天下之忧而忧，后天下之乐而乐"等政治伦理观念。

第二，为政以德。"为政以德"是孔子的观点，他认为道德教化是为政的基础，而每个社会成员的道德自觉则是社会秩序稳定的基础，"道之以政，齐之以刑，民免而无耻；道之以德，齐之以礼，有耻且格"①。孟子继承并深化了孔子的思想，指出"仁言不如仁声之入人深也，善政不如善教之得民也。善政，民畏

---

① 《论语·为政》。

之；善教，民爱之。善政得民财，善教得民心"(《孟子·尽心上》)。

如何才能实现"为政以德"呢？那就是执政者率先垂范。"政者，正也"，为政者应先正己。从而"其身正，不令而行；其身不正，虽令不从"①。"政者，正也，子帅以正，孰敢不正"，"君子之德风，小人之德草。草上之风，必偃"②。同时中国传统伦理道德文化特别重视执政者的道德示范力量对于保持政治廉明的重要意义，认为国家政权的决策者和各级官吏的品德好坏，直接决定着国家的兴衰治乱。孔子说："为政以德。譬如北辰，居其所而众星共之。"(《论语·为政》)

政治道德，体现为官员从政须加强道德修养和以"仁义"为政纪的要求。这在中国漫长的封建社会中，有其阶级的局限性，但它毕竟是历代统治阶级或集团对于治理国家实践经验的理性思考，在一定程度上有助于清正廉洁、开明政治的出现。实事求是地说，"为政以德"是中国封建社会政治文明的具体体现，也是中国封建社会不断发展的重要因素之一。

第三，德教为先。"德教为先"与"为政以德"是儒家政治伦理思想递进的上下两层。"德教为先"并不仅仅在说以道德教育为先，同时还明示了道德在儒家的政治蓝图中的核心地位，即把道德视为治国安邦的最根本的手段，视为立国之本。

德教是否是可能的呢？孔子通过"性相近也，习相远也"(《论语·阳货》)回答了这个问题。孟子继承和发展了孔子这一思想，认为人与禽兽的差别原来并不大，即"人之异于禽兽者几希"(《孟

---

① 《论语·子路》。

② 《论语·颜渊》。

子·离娄》)，并进一步分析说："人之有道也，饱食暖衣逸居而无教，则近于禽兽。"（《孟子·滕文公》）即人之所以为人，主要是因为有道德，道德是人区别于禽兽的标志，"德教"当然就是人成为人的基础。反过来说，人必须"有教"，人也可以"教化"。所以，在面对"人皆可以成尧舜，有诸?"的提问时，孟子答"然"（《孟子·告子下》）。荀子虽然持性本恶的观点，但其德教思想却和孔孟殊途同归，认为人性本恶，但后天教化却可以使之成善，人必须"有教"，人也可以"教化"。"'涂之人可以为禹'，易谓也? 涂之人也，皆有可以知仁义法正之质，皆有可以能仁义法正之具，然则其可以为禹明矣。"（《荀子·性恶》）

身是中国传统伦理道德中最具特色的概念，在孔子那里被称为"修德""克己""正身""修己"。孟子发扬光大之，"存其心，养其性，所以事天也。有寿不贰，修身以俟之，所以立命也"（《孟子·尽心上》）。而荀子讲得更清楚，"扁善之度，以治气养生，则身后彭祖;以修身自强，则名配尧、禹"（《荀子·修身》）。从内容上讲，修身就是要正其心，整饰自己的心情欲念，保持心地平和，净化、纯化自己的意念，不自负，严格要求自己，经常剖析自己，不掩饰自己的"不善"，逐步达到至善的境界。

但为什么要"修身为本"呢? 关键之处就在于"本"。孔子说，"克己复礼为仁，一日克己复礼，天下归仁焉"（《论语·颜渊》）。"克己"的目的在于"天下归仁"。孟子说"君子之守，修其身而平天下"。由此可见"修身为本"与"德教为先"是相贯通的，它们是实现"为政以德"的两翼。只不过"德教为先"的着力点在于社会、在统治阶级整体或集体;"修身为本"的着力点在于从天子到庶民的个体。

《大学》中有这样一段家喻户晓的文字:"大学之道，在明明德，在亲民，在止于至善……致知在格物。格物而后知至，知至而后诚意，诚意而后心正，心正而后身修，身修而后家齐，家齐而后国治，国治而后天下平。自天子以至于庶人，壹是皆以修身为本。"可见"修身为本"的本就是"修""齐""治""平"。

修身为本的思想影响了封建社会两千余年，不仅知识分子多形成"一箪食，一瓢饮，在陋巷，人不堪其忧，回也不改其乐"[1]的安贫乐道的气节，而且一切志士仁人把修身作为齐家、治国、平天下的基础和前提，作为实现自己政治理想和道德理想的基础和前提，毕其一生去追求、去践行。这种重视修身的道德思想，影响了整个中华民族，不仅在知识分子群体当中，而且在广大的劳动人民中间都表现出重视追求精神生活的民族品格。

三、中国传统伦理道德文化的特点

第一，历史悠久，良莠杂陈。中国传统伦理道德最早可以追溯到原始社会末期的尧舜时代，但主要形成于奴隶社会向封建社会过渡的时期。儒家学派的创始人孔子，就生活在这一时期，他在这新旧制度交替的大变革时代，形成了以"仁"为最高的道德境界，将"孝""悌""礼""信"等置于其下的中国最早的道德学说，虽然孔子的思想中也有我们不能接受的内容，但总体上是积极开明的。孔子的道德学说经其弟子，特别是孟子的继承发扬，成为一套完整的体系，但儒家学说在孔孟在世时并不被统治阶级所认可，仅仅以一种学术思想存在着。

经秦始皇统一中国，到了汉武帝的时代，统治者不能再把武

---

[1]　《论语·雍也》。

装力量作为维护自己统治的首选工具，而是需要利用文化的力量统一人民的思想，稳定社会秩序。在这时，孔孟的道德观，作为文化遗产，受到了统治阶级的推崇。汉代董仲舒应时而动，在《春秋繁露》中提出"三纲"（所谓"三纲"，指的是君臣、父子、夫妻这三种最重要的伦理道德关系），同时提出"罢黜百家，独尊儒术"的思想统治路线，并为汉开帝采纳，这标志着孔孟的伦理道德文化上升为御用的政治伦理文化。

这一阶段，中国传统伦理道德文化的政治性明显增强，它必须服从并服务统治阶级的利益需要。当然，此时中国地主阶级处于上升时期，他们代表着先进的生产力和先进社会的方向，作为政治伦理的传统伦理道德文化也同样具有思想上、文化上的先进性。不可否认的是，统治阶级也根据自身的需要对之不断地进行整理和改造，使之服务于小农自然经济基础上的封建宗法等级制度。

中国封建社会到宋代开始走下坡路，地主阶级在上升和发展时期的勃勃生机逐渐窒息，它狭隘的阶级私利日益膨胀，与此相应，地主阶级的思想家们适应这一时期的社会需要所提出的道德观念也趋于僵化并走向极端。朱熹认为"圣贤千言万语，只是教人明天理，灭人欲"（《朱子语类》卷十二）。程颐说"人心私欲故危殆，道心天理故精微，灭私欲，则天理明矣"（程颐《遗书》卷二十四）。这种所谓"存天理，灭人欲"并导致"禁欲主义"和"苦行僧"的价值观，使得先秦以来的道义论走向了禁欲主义。这种变了质的思想在民族国家生死存亡的关键时刻更显其反动性。南宋孝宗时，驱逐外敌，收回中原成为时代的主要任务，而朱熹却对孝宗讲他"平生所学，唯此四字"的"正心诚意"。同样地，明末内忧外患，风雨飘摇，理学家刘宗周对崇祯皇帝讲的依然是"陛下心安则天下安矣"。这时的道德文化已经是腐朽的、反动的文化，在历史上起了束缚人民活动的严重的消极作用，应该受到严肃的批判。

第二，紧密结合社会政治，服务于宗法等级制度。与社会政治紧密结合是中国传统伦理道德的另一基本特征。这一基本特征，反映了先哲们所具有的自觉为社会政治服务、为社会的安定和谐服务的务实精神，希望统治者在治理国家时，实行合乎道德要求的"仁政"，反映了先哲们反对"以道学政术为二事"（《张载集·文集佚存·答范巽之》），强调学术理论研究必须与社会的客观现实密切结合的学风。而统治阶级也看重了"德治"，常常借用国家力量，把符合自身利益的道德思想、行为规范赋予政治和法律的权威。在这一点上统治阶级和思想家们真正地达到和谐统一。

中国古代社会制度有两个基本特点，一个是宗法制度，一个是等级制度。在中国社会中，家庭是一个最基本的单位和社会细胞。在一个"家"中，有父母子女、兄弟姐妹等之间的血缘关系，还有主人与奴仆之间的社会政治关系。社会治理得如何，从一定意义上说，其关键在家的治理情况。

孔子有差等的爱，就是承认尊卑、亲疏的存在。封建社会的亲疏关系就是与社会生产生活相联系的，按照血缘关系的远近形成的，近亲的关系和疏远的关系。例如：处于首位的是父母与子女的关系，其次是兄弟姐妹的关系，其次是亲戚关系，其次是邻里乡亲关系，其次是国人关系；从尊卑关系上说，既有家庭内部的尊卑关系，也有国家和社会上的尊卑关系。在家庭内部，是以父为尊，以男性为尊，以嫡长子为尊。宗法制度不可能不影响到社会的政治等级制度。如嫡长子为尊的宗法伦理观念，在社会政治领域就有非常鲜明的表现。

这样一种宗法等级制度，要求有适应自己并为自己服务的伦理道德。以血缘关系为纽带的宗法制度，是中国封建社会稳定发展的根本保证。在这种宗法制度里，维护其存在的道德价值观的核心和根本导向是重视个人对家庭、宗族和国家的道德责任，强调个体利益服从家庭、宗族和国家利益，遵循整体主义的利益原则，不允许把个人利益放在宗族和国家利益之上。封建伦理的"三纲"即"君为臣纲、父为子纲、夫为妻纲"、"孝悌忠信"都非常集中地体现了其为宗法等级制度服务的性质。

第三，入世尚仁，重义轻利。任何社会都需要用道德规范、行为准则来调整人与人、人与社会的关系，形成社会的价值观念和价值取向，引导人们如何为人处事、如何在社会中共同生活。然而，道德的这些超越性和理想性的根据在哪里呢？外域的道德学说更多地是从"彼岸"或"来世"中寻找道德的合理性，表现为出世的特点。中国则相反表现出入世的性质，孔子"未能事人，焉能事鬼？""未知生，焉知死？"《论语·先进》就是对自己学说的入世性质的最好诠注。

"仁者，爱人""居处恭，执事敬，与人忠"，以及"恭、宽、信、敏、惠"等都是人情世故。孟子坚持了孔子的入世原则，说"亲亲，仁也"（《孟子·尽心上》），"仁，人心也"《孟子·告子上》，"亲亲而仁民，仁民而爱物"（《孟子·尽心上》），强调不仅要爱自己的亲人，而且还要仁爱百姓、爱万物。而且孟子还进一步把孔子的道德规范，上升为伦理原则，提出"五伦"，即父子有亲，君臣有义，夫妻有别，长幼有序，朋友有信。从逻辑结构讲，仁的逻辑起点为孝、悌，进而延伸到人与人之间的社会关系，要求人讲忠、恕、恭、让，并通过修己、推己、克己，使天下之人归于"仁"，从而达到调和人际关系、清除社会矛盾的理想的道德境界。这样，中国传统伦理道德就从社会现实中获得合理性，从而使这一道德思想根植于现实的社会生活，能在社会生活中获得滋养和营养而经久不衰。

中国传统伦理道德在坚持其入世性质的同时，却又在世俗生活中尚义不尚利，提倡先义后利，以义制利。孔子告诫人们要"见利思义"，见到利益要想到道义。同时，孔子根据对义利的不同态度划分出君子和小人："君子喻于义，小人喻于利"（《论语·里仁》)，倡导要做讲究大义的君子，而不做只讲利益的小人。孟子更进一步，认为"何必曰利？亦有仁义而已矣"（《孟子·梁惠王上》)，董仲舒更概括出"正其谊不谋其利，明其道不计其功"（《汉书·董仲书传》）的命题。"重义轻利"这种道德观念是君子追求的道德观念，因为君子只有通过节制人对利欲的追求，自觉"存义去利"，才能保持国家清廉和公平。

这就形成了中华民族在现实生活中特有的义气：对国家民族——尽忠义，对父母长辈——行孝义，对亲人——重情义，对朋友——讲信义。人们义不容辞、见义勇为、伸张正义、施行道义直致舍生取义。"为义"已成为整个社会道德的重要信条，"舍生取义"的高尚境界激励着一代又一代中国人为国捐躯、为民献身。

中国传统伦理道德及其文本是一种历史性存在。不同时代、不同精神归宿的人会解读出中国传统伦理道德文化不同的价值。本人认为，解读中国传统伦理道德甚至简单地重复和张扬中国传统伦理道德的历史上的某种解释是不够的，继承中国优秀传统伦理道德更重要的是要使中国传统伦理道德面向当代中国道德建设的实践。然而，我们曾经全面地否定过这一传统文化，中国传统伦理道德在至少两代人的精神中形成断层。正如罗国杰先生所说"一旦一个民族抛弃或失去了自己的民族传统，或者被别的民族的文化所征服，那么，这个民族的生存也就岌岌可危了"①。在这样的情况下，解读中国传统伦理道德就既是一种学习宣传，又是一种承袭和弘扬。

四、艺术设计伦理的当代价值体系的构建

构建艺术伦理规范体系，就是运用伦理学的基本原理、方法和手段来分析和解释艺术活动中的各种道德现象，探讨艺术伦理的本质与特征，确定艺术伦理研究的主要内容、研究对象及其研究方法。其目的并不是要束缚艺术的发展，而是要为各类艺术活动提供道德保障，为艺术主体提供行为价值的"应当"，使艺术创作与传播能够符合社会道德的要求，能够代表先进文化的方向，满足最广大人民的精神需求；使艺术活动成为伦理指导下的更加自由自觉的社会性活动，发挥艺术在整个社会价值体系的建构，在社会文明进步中，凝聚人心，团结人民、净化社会道德风尚等方面的积极作用。艺术伦理规范体系应该以艺术活动中的各种道德现象为主要研究对象，研究内容主要包括：艺术伦理的本质特征、艺术与伦理的关系、艺术活动中的伦理关系、艺术活动中的道德规范、道德评价等。

设计艺术活动是一种重要的社会性活动，真正意义上的艺术应该是理性的艺术，它不能脱离道德的规范而存在和发展，道德责任是始终贯穿于艺术作品的创作、传播和发展过程中的。一方面，创作者自身的道德素养、道德理想的高低层次不仅对作品本

---

① 罗国杰：《我们应当怎样对待传统》，载《道德与文明》1998 年第 1 期，第 8 页。

身反映或内涵的道德观念具有决定意义，而且其作品中所传达的社会价值观对欣赏者也具有潜移默化的作用；另一方面，由于反映不同内容、表达不同情感的作品对人和社会的作用不同，因而欣赏者选择和接受什么样的作品对社会道德风尚的影响、社会舆论的形成同样具有不同程度的影响。在艺术日益成为人们精神需求的一种主要消遣方式的今天，面对艺术领域呈现出高雅与低俗混杂的多元化趋势，新的历史时代强烈地呼唤艺术伦理建设。研究艺术伦理的当代价值，就是要运用伦理学的基本原理和方法来探析艺术伦理在促进当代艺术健康的发展、在培养优秀的艺术人才、在用先进艺术引领多元化艺术中所具有的重要指导作用。通过建立艺术伦理规范体系来指导各类艺术活动，使艺术接受伦理的规约与指导，防止低级庸俗的艺术作品给欣赏者的心灵带来毒害。可以说，艺术伦理作为艺术活动中不可或缺的价值指导和理论资源，确定什么样的艺术道德规范指导现实的艺术活动，协调艺术主体之间的关系，提高艺术工作者的责任意识，学界对此类艺术伦理问题的系统研究在当今和谐社会建设中有着重要的现实意义，应该引起学界人士的高度关注。

五、艺术研究与伦理道德的内生关系

一切艺术均由人创造，都为人而存在。历代社会的艺术总是与一定的道德相联系，无不渗透着伦理精神，无不宣扬或谴责一定的价值观念和行为规范，表现一定的善恶观念，以利于社会的稳定和发展。艺术生产作为精神生产，其目的是从情感、意志和思想上鼓舞人、教育人，以促进人类生活日趋和谐幸福，社会日趋进步，艺术与伦理密不可分。因此，艺术是人的活动的艺术①，是社会的艺术，也是关系的艺术。而道德作为"人立身、处世的现实的应该"，作为艺术的重要内容，道德是人的道德，是社会关系之"应当"，人的关系的完善必须依靠人际关系的"应当"②。所以道德作为调整人们相互关系的行为准则和规范，指导和制约着人们的各种活动，包括艺术活动。由此可以看出，艺术与道德之间存在着内在逻辑关联，二者作为两种社会意识形态，都起源于人类社会实践的历史发展之中，都由一定社会的经济关系决定，都以人为基本出发点，都存在于社会之中，存在于各种关系之中，都表达和规范着这些现实的社会关系。

第四节　如何正确认识与处理艺术设计伦理与道德的关系

　　艺术与道德之间是互动的关系，二者相互影响，相互促进。一方面，艺术反映和影响社会道德。艺术主要以道德为内容，是人们社会生活的反映，它必然反映现实生活中的道德关系，反映人们的道德品质和社会的道德理想。只有符合社会道德规范，反映积极的道德内容的艺术品才能感动人、震撼人、催人奋进，使人健康向上的发展，促进人们的道德境界得以提升。因此，艺术不能脱离道德而独立存在，艺术体现的美与道德的善是统一的。另一方面，道德又反作用于艺术。道德对艺术的影响和作用主要表现在它对艺术的创作，对艺术工作者的指引，道德内容在艺术作品中的体现，道德评价对艺术作品的价值影响等方面。

① ［德］黑格尔:《美学》第 1 卷，商务印书馆 1979 年版，第 33—35 页。
② 王小锡:《道德、伦理、应该及其相互关系》，载《江海学刊》2004 年第 2 期。

一、道德信念与伦理价值

个人行为对于他人和社会所具有的道德上的意义。无产阶级的道德价值观集中体现在符合社会主义、共产主义道德原则的行为之中，尤其体现在为维护社会利益而作出的牺牲精神上。伦理是以人为出发点和立足点的种种关系的道理与规范。以人为本是其根本，它能从宏观的角度和理论的深度平衡"利"与"义"的关系。合理调节并维系人与人之间、人与社会之间、人与自然之间的关系。以自律的形式遵守公平公正、诚实守信、自尊自爱等社会准则。承担历史的、社会的、发展的道义与责任。超越个体的、局部的、眼前的利益诱惑，从人类整体利益、长远利益来设计、规范和实施自己的行为。尤其是在当前这种传统伦理道德已经失范、新的伦理规范尚未形成、人们物质欲望急剧膨胀、价值取向飘忽不定、精神追求茫然麻木的时候，伦理的介入作为必须遵守的一条原则，对设计的人性化、和谐化、合理化，必将在宏观、微观的层面产生巨大的作用和深远的影响。

伦理价值作为设计的一种价值取向，将进入设计理念的高端层次。同时，在这种高层次设计理念的指导下对各种广义的设计活动产生积极的指导性作用。大到国家发展战略，中到城市规划，小到产品设计，以及设计的各个具体门类，诸如建筑设计、工业设计、艺术设计等所有方面发挥作用，因而它是一条普遍性的原则。

二、艺术与道德的评价依据与标准

艺术与道德在反映现实的内容、研究范围和方法上不同，对其进行评价的依据和标准也不同。他们认为艺术与道德的区别首先表现在研究的范围不同：艺术不仅要研究人们的道德关系，而且要研究人们的经济关系、政治关系、法律关系，甚至人与自然的关系。其次是反映社会生活的方式不同：道德是以概念、原则和规范来反映社会现实，揭示人与人之间的关系；而艺术则是通过各种艺术手段，塑造不同的形象，来反映丰富多彩的社会生活。最后是二者指导人们生活的手段不同：道德主要通过社会舆论、传统习惯、内心信念使人们接受道德的原则、规范，变成自觉的约束力，以指导自己的行动。而艺术则是通过情感的激荡、美丑的感化、气氛的陶冶等来实现其教育作用的。概括说，道德主要是"以理服人"，艺术主要是"以情感人"①。

艺术与道德是人类文明的重要组成部分，其中艺术作为人的、社会性的艺术，在中国数千年来一直是作为"成教化，助人伦"的主要手段存在的，它是不能脱离或者违背道德的发展而发展的。在我国历史上有许多涉及艺术伦理思想的阐述，研究者主要围绕艺术与道德的关系展开论述；20世纪末期，我国伦理学界也出现了一些关于"文艺伦理"的专门性研究，如文艺伦理学研究②，文艺与伦理道德的关系研究、文艺伦理思想研究、艺术伦理学论纲等；近几年学界还出现了少数将艺术伦理作为特定对象而进行的论述。但仅有的这些研究也大多是侧重于从文学艺术的角度，从艺术中蕴含的精神层面来阐述的，对

---

① 张德琴：《浅论艺术与道德的关系》，载《南京艺术学院学报》2005年第2期。
② 张琼、俞海洛：《文艺伦理学论纲——当前中国文化艺术领域道德问题研究》，载《郑州工业大学学报》（社会科学版）2000年第3期。

于艺术伦理规范体系的构建、艺术伦理的实质与核心等较为系统的研究则很少论及。

三、自律主义与审美主义

"审美自律"的内涵，即美术风格发展的逻辑规律和艺术家对个人风格和形式美的追求。从个人兴趣出发，强调个性化的表达，以及不受外界社会因素干扰而由此形成个性化绘画风格的审美观念，我们称之为"审美自律"。艺术自律观念滥觞于康德。康德的审美自律思想并非只是持艺术的形式存在而不及其他；相反，康德提出"美是道德的象征"，彰显"意志自律"与"审美自律"的内在关联。本文考察康德审美自律思想的辩证色彩，并对艺术自律观念的发展沿革作出考量。

1. 审美作为自律性的领域

康德哲学体系的设定限制了知性的界限，维护了"物自体"世界的神圣，为信仰留出了空间，但实际上也为人类的精神活动划定了领域，从而限定了神性的运作。这对古希腊以来的真、善、美三位一体的文化模式是一种强烈的冲击，是美学上的一大进步；由此，美学不再依附于神学，审美和科学知识、道德实践一样，成为一个独立的、自律的精神领域。从这个意义上来说，康德对于美学在学科意义上的确立是奠基性的贡献。

自 20 世纪 80 年代以来，"审美主义"就一直是中国学术思想的核心术语之一。感性主义是审美主义最直接和最原始的样式，的确，无论是在当代生活世界还是在学术领域，没有几个语词能像"审美主义"那样担当了如此繁重的思想任务，并具有不可替代的实践功能。然而，由于学界对"审美主义"缺乏深入细致的学理性探讨，从而导致了种种误解以及该词使用上的混乱与随意，进而影响到相关学术研究的严谨性，也干扰了人们的生活实践。

长期以来，审美主义一直是一个核心概念，但对它的界定却比较笼统，缺乏具体的规定性和严格的学理性。其实，在"生存""艺术"与"现代"的三维关联中，区分并考察审美主义的类型，这是一个颇有意义的课题。审美主义是有关生存与艺术的形而上构想，是有关现代的诊治与救治的方案。审美主义的表现形态是各种理论论述、艺术实践与生活实践。审美主义的主要类型有感性审美主义、游戏审美主义和神性审美主义，各种审美主义的关联是其精神价值的本源，这种关联在消费主义的时代已遭到致命的破坏。

2. 审美作为自律性活动

康德运用其认识论中的四个范畴，即质、量、关系、模态来对审美判断进行了考察和分析，阐述了审美判断的四个契机，对审美判断的主观条件进行了考察。他对审美判断四契机的分析，实际上将审美视作了自律性的活动。康德提出在审美判断中应当秉持一种无利害的态度。这是康德对审美判断做出的根本性规定，也成为了审美自律性理论最重要的内容之一。

审美判断的第二个契机规定：美不凭借概念而普遍引起愉快。康德认为感官快适不具有普遍性，善的愉快是凭借理性概念而具有普遍性，而审美的愉悦虽然是来自主观的情感，不依赖概念，但是由于它摆脱了利害观念的束缚，因此有理由要求它具有普遍性。审美鉴赏是无目的的合目的性为审美判断的第三个契机，这是反思判断力的先天原则，即对象要符合主体。在审美领域，鉴赏判断不涉利害，也不凭借概念，只与审美对象的纯粹形式有关，因此没有任何客观的目的，也没有实质性的主观目的。因此鉴赏判断只有一种主观的合目的性，也就是审美对象的纯粹形式适应主体的认知能力，从而引起主体想象力和知性的相互协调和自由活动，并由此产生特殊的审美愉快。从第四个契机做出的美的说明是：没有概念而被认作一个必然愉悦的对象的东西就是美的。美的必然性意指美与愉快之间有必然联系，也就是说鉴赏判断的愉悦的普遍性是有必然性的，康德假定这种普遍必然性的依据就在于一种先天的主观情感上的"共通感"。这种共通感不是外在的感觉，而是从认识诸能力的自由活动而得来，它不是用概念，而是通过情感规定着鉴赏愉悦的普遍必然性。

康德从主体性角度对审美判断的四个契机进行了分析，将人的主体自由确立为美的客观存在之根源，为自律的审美活动的可理解性打下基础；通过美与快适和善的对比，把审美判断区别于非审美判断的本质特征突出出来，把纯粹的美的本质特征突出出来，进一步确定了美学自己独特的研究范围，为美学学科的独立提供了根本依据；从哲学上拓展和深化了英国经验美学的审美无利害观念，正式确立了自律的审美态度。

3. 审美自律性的基本特征

通过美学史的考察追寻，自律性作为一个美学概念在发展的过程中不断丰富其内涵，其含义在漫长的发展过程中，在不同流派、不同语境下的表述也有所不同。不过，作为现代美学一以贯之的核心概念，还是可以从以上的美学史考察中归纳出审美自律性的基本特征。

（1）审美经验的独特性

审美自律性首先意味着承认审美经验的独特性，也就是说审美经验与科学认知经验以及实用功利经验有着本质区别，具有自身的独立性。结合现代性的历史进程来看，审美和艺术的自律就意味着肯定作为一个价值根源的审美经验的独特性或艺术的独特性，也就是说艺术—审美作为一个自主独立的领域确立，具有其独特的规范、规则与价值判断体系，与其他社会领域和价值领域判然相别。审美和艺术活动从政治、哲学、宗教的附庸的角色中走出来，艺术活动成为不具有使用目的的、不受日常生活逻辑制约、具有超现实维度的活动，遵循自身的特有的规律。

在审美自律性理论的发展进程中，对审美经验与其他经验的区分、艺术—审美领域的独特价值的讨论具有一贯性。鲍姆加登将"美学"定义为"作为自由艺术、低级认识的科学、美的思考的艺术和类推思想的艺术的感性认识的科学"，为感性经验留出独立的领域。康德美学从纯形而上的思辨角度区分了真、善、美，在哲学上确立了审美领域的自主自律性边界。因为审美和艺术经验的独特性正是审美自律性的最根本的逻辑起点，而审美自律的其他特征在审美作为独立领域的基础上才能得到讨论。

（2）审美对象的形式性

审美对象所具有的独立的审美价值，主要通过形式来体现。与非功利、无目的的审美特殊性相关，艺术倘若排除了一切外在因素和功利目的，除去认识伦理等的附加价值，这种附加价值往往是由艺术的内容来承载的，那么能获得其价值独立性的凭借就只能回到艺术自身，即艺术的形式。艺术形式获得自律性和价值，也是一个历史的过程。如席勒所说："由于被束缚在物质上，人长期以来都让外观只为他的各种目的服务，后来才一在理想的艺术中给外观一种独特的身份。"[①] 此后，比例、对称、和谐、线条、色彩等形式因素的审美功能得到了充分的肯定，艺术技巧成为艺术的"生产力"。从"有意味的形式"、作为情感符号的形式到形式主义者的纯粹的"形式"，形式逐渐取得了审美本体的地位，具有了独立的审美价值。新批评的文学本体论重视形式如音韵、格律、文体、意象等形式因素的内部研究，从传记、历史、社会、心理或哲学等方面出发研究文学，都称为外在研究。形式的自律也是主体的创作和欣赏的自律态度的基础。

强调审美的革命与政治功能的法兰克福学派美学，也把形式作为艺术体现其政治潜能的场所，艺术要作为一种颠覆性的力量，不是要去直接表达反抗性内容，而是要靠形式的"变形"，发挥形式本身的反抗潜能。

（3）审美态度的无利害性

从审美态度来看，审美活动是没有具体目的和实际功利性的独立的精神活动。在学科领域里，美学取得了独立的地位，在精神活动的领域审美活动具有独立自主性。康德作为自律美学的理论奠基者，他提出并经过系统论述的审美判断的无利害性、无目的性，使审美活动取得了自身的规定性。同时，审美的艺术活动作为独立的精神活动，从社会中独立出来，成为一个独立的、自足的世界，具有自己的价值领域。所以审美活动可以不受道德、政治等目的的规定和约束，这决定了审美活动的非功利和无目的性；其次，审美不是一种概念和逻辑的活动，而是一种形象和情感的活动。审美的自律意识使艺术家"为艺术而艺术"，而不是将自己的工作视为对现实世界的描绘、颂扬

---

① ［英］席勒：《美育简言》，上海人民出版社2003年版，第2页。

或抨击。在知、情、意的三分中，认识和情感具体的审美过程中往往交织在一起，如席勒就曾说美是一种中介，美当中有思索活动。"当我们获得审美快感时，活动和受动的这种交替就无法区分了。在这里思索和情感是完全交织在一起的"，"美对我们是一种对象，因为思索是我们感受到美的条件"，[1]但是，这里的情感活动不再是服务于认识目的的情感，而是在审美形式之中获得的审美情感。

（4）审美活动的自由性

审美是自由的活动。自律（Autonomy），这个词本身就有"自治"的意思，具有一种自我管理、自我决定的自由。审美的这种自由一方面表示，艺术品的生成是一种自由创作的过程，艺术家不受外在因素控制，不为某一阶级或者他人、不屈从于某种强制性，而只从个人情感出发来进行创作，强调个性的表达；不屈从于公众的审美趣味，而是保持自我的风格。康德、席勒以及浪漫主义者都强调艺术家的自由，自由地决定表达什么、如何表达，而不屈从于某种权势、利益或者实用目的。只有自由的艺术才是真正的艺术。这种更多地体现为艺术家创作的自由，或者说艺术家的自主性。这种自主"体现了一种自由选择的、但无条件地服从于他们创立的并试图在文学共和国中推行的新法则"[2]。也就是说，在文学创作、审美的领域中，艺术家是完全自由和自主的；另一方面，通过审美活动，人能够获得一种自由感。席勒通过"游戏"概念来说明人在审美活动中的自由：审美就是做毫无目的的自由游戏。在审美活动中，人只要沉浸在艺术的外观当中，

① ［英］席勒:《美育简言》，上海人民出版社 2003 年版，第 2 页。

② ［英］席勒:《美育简言》，上海人民出版社 2003 年版，第 2 页。

就可以忘却外在的功利目的带来的压迫感，达到精神的自由。"只有审美的心境才产生自由，美王国是由自然王国向自由王国的过渡。"①

（5）审美价值的超越性

在艺术的审美价值判断上，自律艺术具有一种超越性。因为审美和艺术不涉任何功利目的，因此在道德上占有一种崇高性，或者说，人自身战胜了功利目的和欲望，而在自律的艺术中看到了这种不向功利目的屈服的品格，自主的艺术实际是艺术家的自主，艺术被赋予一种人格上的崇高感。从自律美学发展的历史来看，美总是与自由、完满人性、绝对、无限等价值维度联系在一起，从康德的审美对导向道德的中介作用，到谢林的美能把握最终极的原始本体和世界本原，美被赋予了极高的价值。艺术价值的重要维度是它的精神价值，即自律的艺术蕴含了人的独立、自主、崇高的精神维度。对艺术品的评价，也按照其精神价值的高低。越是脱离了功利、欲望、世俗内容的艺术，则越具有高的价值。艺术创作和艺术的欣赏成为一种高级的精神活动。正是由于自律的艺术所拥有的超越性的精神维度，在现代美学的架构中，审美和艺术常常充当起逃避现实生活的乌托邦，对现实拥有批判以及救赎功能。席勒将审美和艺术视为达到人性完满的途径；叔本华将审美静观视为人生困境的根本出路；法兰克福学派认为艺术可以通过形式的自律，抵抗其他领域的规则的控制与渗透，起到反抗现实物化、保存完整人性的作用，这都是基于审美和艺术自律所提供的独立、自主、崇高的精神维度。

审美经验的独特性、审美对象的形式性、审美态度的无利害

---

① ［英］席勒：《美育简言》，上海人民出版社 2003 年版，第 2 页。

性、审美活动的自由性以及审美价值的超越性，这些是西方审美自律性思想显著的基本特征。虽然审美自律性概念在两百多年的发展过程中含义不断地丰富和变迁，任何一个特征都不能完全代表审美自律性概念的本身的完整性和复杂性，但是五个特征之间是相互关联应当能基本理清自律性概念的主要内涵。

四、设计艺术的道德观主义与伦理主义

"伦理主义"亦称"主德说"。以道德为至高无上的一种伦理学说。该学说认为世界和人类之生存完全以道德为目的，为道德而存在。在真、善、美三者中，善为最上，故极重道德之修养。设计是一种特殊的艺术，在机械化、信息化高速发展的现代社会，设计拉近了人们与这种高科技的距离，从而使人们可以适应这种变化，并开始享受这种变化所带来的种种乐趣。也就是说，在现代社会中真正引领人们生活风格的是设计。设计把当代的各种技术文明应用于日常生活和生产中，并最终改变了人们的生活。

现代设计艺术的范畴不仅扩展到了一切创造性的物质领域，同时也包括文学、艺术等精神领域，甚至包括经济规划、科学技术发展前景、国家大政方针等诸多方面的决策、方案等。但很少有人将设计与道德范畴的有关观念相联系，其实成熟的设计是应该受到道德因素约束的，因为设计师在通过设计这个载体来创造商品高附加值的同时，还应该有意识地去考虑人类精神领域的需求，承担起塑造人们道德观和生活观的社会责任，从而引导一种积极的道德风尚，使人们在不断追求高品质生活的同时，更多地考虑到社会的和谐和可持续发展以及生态的平衡。设计艺术的道

德观倡导可持续发展的多元共生的综合设计观①。

1. 关注产品对社会道德，建立可持续发展的设计观

设计的可持续发展就是指我们的设计应该既满足当代人的需求。又不危及后代人生存及其发展的环境。现代社会人们的生活节奏越来越快，生活压力越来越大，人们为了缓解压力，就需要有效的享受生活，也就是说人们从客观上需要高品质的生活，而高品质生活的直接提供者就是"设计"，设计的好坏直接关系到人们生活品质的高低。在产品设计的过程中也是如此，我们在考虑实现产品利益最大化的同时也必须关注产品对社会道德风尚的影响，不能只为了一己私利而把设计师应具有的道德观置于脑后。

设计创作应寻求人工环境与自然环境的和谐、共存。设计不是对环境的剥夺和污染，而是促进同周围环境的协调。使人类赖以生存的环境能够持续地向健康的方向研究设计的可持续发展。

2. 把握设计艺术道德观的重要性和必要性，建立多元共生的设计观

倡导一种积极向上的设计艺术是新时代合格设计师所必须具备的一项基本素质，世界是一个多元的世界，也是一个丰富多彩的世界。"共生论"设计观要求设计必须与自然、环境共生，设计产品应该符合生态规律，有益于环境的健康发展。设计师在设计作品时，从选材、制造到使用、弃置都要考虑生态问题。所谓"共生"，是指一种合作共存、互惠互利的状态，也就是通常所说的"双赢"模式。② 承担起塑造人们道德观和生活观的社会责

---

① 詹秦川、杨晓燕、王伟伟:《设计艺术的道德观》，载《陕西科技大学学报》2007 年第 3 期。

② 杨君顺、冀婷:《论共用性设计理念在产品设计中的实现》，《南京艺术学院学报—美术与设计版》，2005 年第 5 期，第 71—74 页。

任，从而引导一种积极的道德风尚，使人们在不断追求高品质生活的同时，把握设计艺术道德观的重要性和必要性，建立多元共生的设计观，更多的考虑到社会的和谐和可持续发展以及生态的平衡。设计艺术在寻求自身与自然、环境和谐关系的过程中，应给予自身一个新的定位点，使高技术与自然、环境达到多元化共生，并通过这一融合与共生的过程被体现出来。这是设计艺术道德观的要求，同时也是社会发展的必然趋势。

3. 拥有强烈的社会责任感建立积极的设计艺术道德观

从设计伦理学的角度看，设计的目的不仅仅是为眼前的功能、形式和目的服务，其更重要的意义在于设计本身具有形成社会体系的因素。为此，艺术设计的构思也必须包括对于社会短期和长期因素的内容。随着当代科学与技术的快速发展及人们对高品质生活的不断追求，设计艺术已完全深入了人们日常生活的方方面面。在这种情况下提出"设计艺术的道德观"，一方面是为了正确的引导设计、引导消费；另一方面，希望以设计为手段来营造一种良好的、积极向上的生活观和生活方式。设计艺术的道德观要求设计师在从事设计的同时，要有一种强烈的社会责任感，把设计艺术作为一项系统工程来对待，设计艺术的道德观要求设计师在进行外观设计的同时，还要更多地考虑一种设计责任。[1] 在设计定稿之前，应反复推敲和论证，看自己的设计是否是积极向上的，是否做到了可持续发展，是否保证了环境和技术的共生，是否真正做到了关注设计伦理。[2] 并时刻牢记设计在造

① 黄丹麾：《生态设计的美学研究》，《美术报》，2005 年 11 月 19 日。

② 王坤茜、林捷晖、徐人平：《从设计责任的角度审视工业设计》，《包装工程》2004 年第 5 期，第 93—95 页。

物同时也在树人。另外，从生态设计伦理观念来看，设计还必须考虑为第三世界、为发展中国家的人民以及为维护生态平衡、保护自然资源服务。

4. 设计艺术的道德观要求关注设计的伦理

按照美国设计理论家维克多·巴巴纳克（Victor Papanek）[1]的观点，设计的伦理主要包括：

（1）设计应该服务大众，而不是少数富裕阶层。强调设计应该为第三世界国家人民服务。

（2）设计应该"以人为本"，同时必须考虑为弱势群体服务。

（3）设计应该正确面对资源有限使用问题，服务有限资源。

这种观点与设计道德观的要求是不谋而合的，从设计伦理学的角度看，设计的目的不仅仅是为眼前的功能、形式和目的服务，其更重要的意义在于设计本身具有形成社会体系的因素。为此，设计的构思也必须包括对于社会短期和长期因素的内容。另外，从生态设计伦理观念来看，设计还必须考虑为第三世界、为发展中国家的人民以及为维护生态平衡、保护自然资源服务。由此可见，上述观点极大地丰富了设计艺术道德观的内容。

5. 设计艺术道德观下的设计实例分析

设计艺术的道德观要求设计师在进行外观设计的同时，还要更多地考虑一种设计责任。在设计定稿之前，应反复推敲和论证，看自己的设计是否是积极向上的，是否做到了可持续发展，是否保证了环境和技术的共生，是否真正做到了关注设计伦理[2]。其次从设计的角度来讲，它又是绿色设计指导下的优秀

①　王受之：《世界现代设计史》，中国青年出版社 2002 年版，第 223 页。
②　黄丹麾：《生态设计的美学研究》，《美术报》2005 年版第 11 期。

设计的典范，其简洁大方的外观，很好地与周围的环境融为一体，同时可回收环保材料的使用使它对环境不会造成任何破坏。由于它是直接固定在路灯上的，故节约了安装支撑的材料，再加上翻盖式的外形设计，在有效保护机体的同时，又节省了以前安装外罩的费用，故符合可持续发展的设计理论。另外，通过拉动下边的绳状物，还可以改变话机的高度，从而可以适合不同人群的需要，如儿童、轮椅上的弱势群体等。

总之，随着当代科学与技术的快速发展及人们对高品质生活的不断追求，设计艺术已完全深入人们日常生活的方方面面。在这种情况下提出"设计艺术的道德观"，一方面是为了正确地引导设计、引导消费；另一方面，希望以设计为手段来营造一种良好的、积极向上的生活观和生活方式。设计艺术的道德观要求设计师在从事设计的同时，要有一种强烈的社会责任感，把设计艺术作为一项系统工程来对待，并时刻牢记设计在造物的同时也在树人。

五、艺术价值与道德价值的关系

美国著名小说家亨利·詹姆斯以对小说形式和技巧的重视和不懈探索而著称，詹姆斯把艺术的道德价值归为艺术家个人对生活的印象和感受能力。詹姆斯还说道，"在某一点上，道德感和艺术感的确相临很近"[①]，这是很明显的事实，一件艺术品的最深刻的品质总是来源于艺术家的头脑。如果艺术家具有敏锐的洞察

———————

① 陈丽、郑国锋：《艺术与道德——亨利·詹姆斯小说理论中的自由精神》，载《外语教学》2007 年第 1 期。

力（fine intelligence），一部小说、一幅画、一尊雕塑，就会相应地带有其中的美和真。艺术的道德价值在于它是否来自艺术家对生活的真实观察和感悟。詹姆斯把艺术的道德价值和小说家个人观察生活时的感悟能力联系起来，艺术家的感悟越深刻，越敏锐，艺术品就越具有道德价值。

一方面，艺术影响道德。任何艺术作品都是在它所处的一定时代、一定社会的道德背景下创作出来的，必然要反映现实社会生活的道德关系。人类的任何活动都会渗透着一定社会条件下的道德要求和道德规范，艺术活动也不例外。诚然，一些艺术作品不能直接地反映道德，但是通过创作者的审美观念，也往往可以体现某种道德情操和道德理想。

艺术影响道德还表现在，由于艺术的生动、形象和能给予人以深刻印象等特征，使得艺术作品对人民群众具有道德教育作用。托尔斯泰认为，把艺术等同于美是浅薄的，因为艺术的价值取决于"它在人生中的作用"。在托尔斯泰看来，艺术的价值存在于它的道德目的之中，优秀的艺术作品表达了道德善的一面，人们可以从中吸取道德的善的训诫。我国古代伟大的思想家、教育家孔子主张"以礼乐正天下"，尽管他重视礼乐的目的是维护封建统治，但是，他看到了"乐"在培养人们道德情感中的重要作用，这是我们今天值得借鉴的。一部能够给予观者深刻印象的艺术作品，能给人提供一幅栩栩如生的人生画卷，人们在欣赏这幅美妙图画的时候，会产生对人生、对社会、对未来的深刻反思，由此引起情感上的共鸣。从而使人们在这种共鸣中不断提高自己对人生、对未来、对社会的感悟。

另一方面，道德也影响着艺术。在文学作品、建筑、书法、实用工艺之类的艺术形式中这方面的例子随处可见。例如，虽然建筑是一门偏重于实用和表现的艺术，但是同其他各门艺术一样，作为一种社会文化的反映，它也能体现出特定的伦理道德观念。因此道德影响艺术是一个比较普遍的现象。同时，道德对艺术的影响，还表现在艺术创作者的人生观、价值观、审美观和道德观对艺术创作的影响。既然艺术是对现实生活的反映，艺术作品当然就是社会生活在艺术家头脑中反映的产物。因而在描写和表现人们的道德面貌与道德生活时，必然融入艺术家个人的道德评价和道德判断。在现代社会，道德感情中往往掺杂了太多其他因素的"碎片"，这使得某些艺术创作者为道德而艺术，为政治而艺术，为私利而艺术，从而扼杀了其成果的艺术。

艺术既不是道德的统领者，也不是道德的仆人。艺术和道德是相辅相成、密不可分的。人们通过艺术活动，传递思想、文化、道德和行为方式，使社会成员的感情能够相互沟通，从而使整个社会和谐发展。同时，艺术也是具有社会性质的艺术，不能违背社会的发展而发展。

第三章 艺术设计伦理的美学价值研究

第一节 艺术设计伦理美学界限

一、美学与道德价值的概念界定

艺术品在艺术市场中存在着极强的社会性，干扰了人们对艺术本身的欣赏和判断，这严重影响了人们精神价值取向。而艺术设计伦理成为了艺术管理中的重要环节，诸多游走于法律边缘与盲区的艺术生产活动和行为却不受法律手段的制约。在艺术市场中，在艺术产业链条的各个环节中，伦理道德的准则也能对其加以适当的规范，成为艺术管理中一种较为温和的管理方式。所以美学与道德的产生与艺术设计这门学科有着根源性的联系，没有艺术设计也就无从谈起艺术设计美学。

艺术设计美学是专业性较强的研究类别，一般美学的诞生必然早于艺术设计美学，两者同样都是研究美。人对美本身的认识有一个循序渐进的进程，真正能够接近美本身的人只是少数哲学家。美本身是古希腊柏拉图用语。美本身的观念明显地暴露出柏拉图把美的本质加以绝对化的倾向。在早期著作《大希庇阿斯篇》中首次提出，后在《斐德诺篇》和《会饮篇》中作了详细阐释。指美的本质或本源；统摄一切美的事物的量高的美，真正的美，即美的理念。它可以独立存在，不依赖于具体的美的事物；它具有能使任何一件事物成为美的品质；美的事物表现和分享了美本身才成其为美的；它在时间上或逻辑上先于美的事物，是永恒的，无始无终，不生不灭，不增不减的。①

美学是以对美的本质及其意义的研究为主题的学科。美学是哲学的一个分支。美学一词来源于希腊语 aisthetikos。最初的意义是"对感观的感受"。由德国哲学家亚历山大·戈特利布·鲍姆加登首次使用的。他的《美学（Aesthetica）》一书的出版标志了美学做为一门独立学科的产生。直到 19 世纪，美学在传统古典艺术的概念中通常被被定义为研究"美"(Schönheit) 的学说。现代哲学将美学定义为认识艺术，科学，设计和哲学中认知感觉的理论和哲学。一个客体的美学价值并不是简单的被定义为"美"和"丑"，而是去认识客体的类型和本质。

道德的定义问题，一直是伦理学原理研究中的一个基本问题，也是一个有争议的问题。什么是道德？有的人认为"道德"是行为的规范，有的人认为"道德"是社会意识形态；有的人认为"道德"是人的存在方式，有的人认为"道德"是精神现象。这些均具有合理性。艺术伦理道德准则是指在市场经济环境下，艺术品不再单纯地注重其艺术价值、美学价值，它还被赋予了经济价值。在市场交换过程中，艺术品的价值不再仅仅取决于它的精神文化层面的价值，还取决于它的商业价值。正因为当今艺术具有极强的社会性，所以从伦理道德准则层面来

① 朱立元：《美学大辞典》，上海辞书出版社 2010 年版。

规范、约束艺术市场，也是艺术管理的一种必要方式和手段。[1]
然而，从伦理道德层面对艺术市场调控管理，就要求艺术管理
人员自身必须具有一定的素质和修养，因为其道德素养、文化
素质、专业修养等都在一定程度上影响着艺术管理的水平和质
量。同样，艺术生产者本身也必须做到道德自律。只有做到这
二者的有效结合，才能真正发挥伦理道德准则对艺术管理的
效用。

要对道德的内容进行定义，显然非常困难。有人据此给出结
论：道德没有统一定义[2]。

"马克思主义伦理学认为，一般说来，道德是调整人和人之
间关系的行为规范的总和。……道德作为一种社会范畴，属于社
会上层建筑和意识形态，它又必然成为一种特定的社会现象。从
历史唯物主义的基本原理出发，马克思主义伦理学认为，所谓道
德现象，就是指人类现实生活中由经济关系所决定，用善恶标准
去评价，依靠社会舆论、内心信念和传统习惯来维持的一类社会
现象。"[3]

在中国的古代典籍中，"道"与"德"一般是分开独立使用的。

---

[1] 吴颖：《艺术管理与市场》，中国传媒大学出版社2017年版，第17页。

[2] 有学者提出，恩格斯曾经提出，"人们自觉地或不自觉地，归根到底是从
他们阶级地位所依据的实际关系中，从他们进行生产和交换的经济关系中，
吸取自己的道德观念的"，因此，所谓的统一道德定义是找不到的。参见祝
宝满《关于道德定义争论的数学思维》，载《上饶师专学报》，1993年第3期。
诚然，恩格斯认为，每一个阶级、每一个行业都各有各的道德，因为道德
总是从特定的社会历史条件中产生。但是，这个对于道德的认识，并不是
关于"道德"这一概念本身的定义，而是关于道德内容的定义。不同的时
代总是有不同的道德内容，就是同一个时代中的不同人群也各有各的道德
观念。所谓统一的"道德内容"当然是不存在的。

[3] 罗国杰：《伦理学》，人民出版社1989年版，第7页。

依据我国古代文献资料，最早使用"道德"一词的是《管子》一书。《管子·君臣下》中曾说："君之在国都也，若心之在身体也。道德定于上，则百姓化于下矣。"这是说，如果统治阶级能以身作则，以道德来教育人民，则百姓就一定可以受到教化。但是，由于在《管子》一书中，只有这一个地方使用了"道德"这一概念，而且又没有确切的解释，所以，并不能说管仲对"道德"这一概念已有了明确的定义。①

中西传统思想上关于"道德"的理解，日常生活中对"道德"的使用，以及伦理学研究中对"道德"的运用，基本上可以作出的一个结论就是：道德的概念是一个具有广泛内容的定义。对"道德"这样一个基础性的概念进行定义，就必须考虑到约定俗成、大家公认的关于"道德"的理解和认识。因此，我们认为，"道德"这个概念具有三个方面的内容：其一，作为思想观念的"道德"。道德是一种人们头脑中关于人与人、人与社会、人与自然之间关系的思想观念。当这种思想观念成为社会性的观念，成为一种系统理论时，"道德"就成为意识形态。当我们承认"道德"可以用于表示行为规范时，就必须承认"道德"可以指人的德性品质。结合上述三个方面的内容，我们可以对道德下这样的定义：所谓道德，是人们头脑中关于人与人、人与社会、人与自然之间关系的思想观念，是调节人们行为的特殊规范的总和，是人们的德性品质。②

① 罗国杰：《中国伦理思想史》（上卷），中国人民大学出版社 2008 年版，第229 页。

② 吴瑾菁：《论"道德"——道德概念与定义思路》，《江西师范大学学报》（哲学社会科学版）2011 年，第 38—44 页

二、艺术设计伦理与美学

美学的对象是指美学研究的客体，它应当是美学所关注的焦点。关于美学的对象，历来存在几种不同看法：第一种，认为美学的对象是美。这个看法把美学的对象仅仅限定在"美"上面，忽略了其他更丰富、复杂的审美现象。同时，说"美学"研究"美"，不过是同语反复而已，没有多少实际意义。第二种，主张美学的对象是审美心理。这个看法突出了人类审美心理在美学中的地位，但忽略了审美的其他方面，如审美形态和艺术品等。第三种，指出美学的对象是艺术。这正确地突出了美学研究的公认的焦点性问题——艺术，但舍弃了艺术无法涵盖的其他方面，如自然美、社会美、科技美等。第四种，提出美学的对象是美学中的语言。这是现代欧美"分析美学"的代表性看法，它把美学的对象仅仅限定为美学家的表述语言，这大大缩减了美学的对象。第五种，认定美学的对象是包括审美现象在内的更广泛的文化问题——审美文化，其理由是审美与文化如今已交融在一起。这是对美学对象的过于宽泛的规定。以上五种看法都只是讲出了美学对象的某个局部而忽略了整体，因此无法予以采纳。

美学所关注的是人的生活。但任何人文学科都可能以这样或那样的方式关注人的生活，美学有什么特殊之处呢？美学关注人的生活的特殊方面：第一，美学关注的不是人的生活的静态、病态或僵化方面，而是人的生活的活生生的方面；第二，美学关注的不是人的生活的单一方面或片段，而是人的生活的整体；第三，美学关注的不是人的生活的抽象概念，而是人的生活的感性形象。总之，美学关注的是人的生活的活生生的整体形象。

确实，人的生活的显著特征在于富于生气和活力，体现丰富性和完整性。例如，一个青年总是洋溢着青春的朝气，具有丰富的情感、想象和幻想，相信自己能够过一种完整的人的生活。只有这种富于生气和活力、体现出丰富与完整性的人，才可能发现、创造或欣赏美。活生生，与静态、病态或死气沉沉相对立，指人的生活的富于生气和活力的形象。整体，与片面、局部或残缺相对立，指人的生活的丰富与完整的形象。人的生活的活生生的整体形象，就是指人的生活的富于生气和活力、体现丰富性与完整性的感性状态。

三、设计伦理中美学的审美活动

美学一词来源于希腊，最初的意义是"对感观的感受"，是由德国哲学家亚历山大·戈特利布·鲍姆加登首次使用的。他的《美学》一书的出版标志了美学作为一门独立学科的产生。直到19世纪，美学在传统古典艺术的概念中通常被定义为研究"美"的学说。艺术设计美学虽处在"美学"的范畴之内，但以艺术设计实践为基础，是艺术设计学科的重要组成部分，是艺术设计实践的升华。艺术设计是一门实践性极强的学科，它所研究的领域是人类的创造性思维和设计艺术。"设计是人的设计"，即设计的最终目的是人，人类在得到其基本的物质满足后，必然会追求更高的精神享受，而艺术设计的审美创造不断满足这一需求，并处于设计科学中设计审美的高级层面。

1. 美学的对象在于人的感性生活的整体形象

第一，美学不像科学那样对人作静态的研究，而是始终研究人的生活的富于生气和活力的形象。离开了这样的活生生的形象，美学无法达到自己的目的。

第二，由于如此，美学并不追求科学那种单方面的或分门别类的精确研究，而是力求探索人的丰富与完整特性。

第三，美学在研究人的活生生的整体特性的时候，不像科学那样尽力将人的感性特征（如情感、直觉、想象等）抽离和排除出去，而是始终由此出发，并把它当作对象的组成部分去把握。因此，美学总是要研究人的感性的活生生的整体形象。

第四，美学对于人的感性的活生生的整体形象的研究，总是要结合具体的审美过程及其结果进行，如美（自然美、社会美、艺术美、科技美）、美感及其集中表现形态——艺术品。

因此，美学的对象是在具体审美活动（美、美感和艺术）中显示的人的感性的活生生的整体形象。

2. 设计美学的审美观念

设计是一门综合性学科，它的研究内容和服务对象不同于传统的艺术门类，它涉及社会、科技、文化、经济、市场等诸多方面，因此，现代设计美学的审美标准也随着这诸多因素的变化而改变。

3. 艺术价值与美学本体的构建

从创建和谐社会的内在精神需要来探讨艺术的价值本体，探讨艺术价值与构建和谐社会的内在精神联系，是艺术研究的重要课题。在当今中国，要在真正意义上实现构建和谐社会的美好理想，绝对不能忽略艺术的价值功能，特别是中国本土艺术的特定价值功能。为此，对艺术价值与和谐社会内在关系的探讨就有了最为核心的立足点，即发掘弘扬中国本土艺术的价值、精神，并力图引发艺术界同仁的共同关注，重建中国本土艺术品质，最终实现中国本土艺术价值，为人们能够通过本土艺术获得诗意栖息的精神家园，真正从中国人的本土艺术价值角度实现构建和谐社会的美好理想。

艺术家需要艺术市场的发展，艺术作品需要艺术市场的价值肯定，但同时艺术品的艺术价值和市场价值又在一定程度上产生了巨大的分歧。艺术家与艺术市场之间的矛盾关系如：艺术市场对艺术家的影响、艺术欣赏者对艺术家的影响、艺术商品化对艺术家的影响等，艺术家只有进一步理解艺术品和市场的关系，才能够正确地处理艺术价值与市场价值的关系。这是现代艺术家面临的亟待解决的问题，具有一定的现实意义。

第二节　艺术设计伦理中的美学价值

伦理现象是人类所有带目的性的行为的再现，艺术现象也是在人类基于自我目的的基础上产生的。因而，伦理学的诸学科以及美学与艺术学的诸学科，成为艺术伦理学的基础。伦理和艺术行为，对人世界观的形成和情操的陶冶，有着重要的意义。艺术伦理学，简言之，是探讨艺术中的伦理问题。然而，我们又不能把它视为艺术中伦理现象的罗列。艺术伦理学与美学有许多共通之处，在成立要素及对象的美的价值上，甚至在方法论上，许多内容是一致的。

一、设计美学的审美标准

美学是指从人对现实的审美关系出发，以艺术作为主要对象，作为哲学范畴的价值（Value），不同于经济学中的价值。

价值不是实体概念，而是一种关系概念，价值的本质在于对人的有效性。《牛津词典》中对价值的解释是"Quality of being useful or desirable"，《现代汉语词典》中对价值的解释是"积极作用"。从价值词源上来看，它们都含有"作用"的意思，从价值理论研究者对价值范畴定义中，仍然可以看到这一含义的痕迹。"价值这个概念所肯定的内容，是指客体的存在、作用及它们的变化对于一定主体需要及其发展的某种适合、接近或一致。"① 价值是指外界客体对主体存在和发展所具有的一种积极作用和意义，是客体对主体的效用性，是客体与主体的关系属性，不是客体固有属性。"价值是主客体价值关系的一种结果，一种现实效应……价值是价值关系的一种特定效应，是客体对主体的功效。"②

1. 科技之美

"科学是人的智力发展中的最后一步，并且被看成是人类文化最高最独裁的成就。"③ 设计总是受到生产技术发展的影响。设计在工业革命后开花结果，这使我们不可避免地思考设计与科学技术之间深刻的关系。现代设计往往结合了最新的科技成果，运用新材料、新技术、新工艺来开发新产品。现代设计不仅是科学技术得到物化的载体，还是科学技术商品化的载体。现代设计的科技之美不仅仅表现在新材料和新技术的应用上，更重要的是科技甚至改变了人们的设计观念，并影响着人们的生活方式。

---

① ［德］埃德蒙德·胡塞尔著：《纯粹现象学通论》，李幼蒸译，商务印书馆1992年版。
② 雷春浓：《现代高层建筑设计》，中国建筑工业出版社1997年版。
③ ［德］恩斯特·卡西尔：《人伦》，上海译文出版社1985年版。

2. 创新之美

日本的武藏野认为设计是追求新的可能。如果缺少发明，设计就失去价值；如果缺少创造，产品就失去生命。由此可以看出：设计的核心是一种创造行为，一种解决问题的过程，其区别于艺术门类的主要特征之一便是独创性。[①] 创新是现代设计美学重要的审美标准。设计要求新、求异、求变、求不同。"创新"有着不同的层次，它可以是改良性的，也可以是创造性的。但无论如何，只有新颖的设计才会在大浪淘沙中闪烁出与众不同的光芒，迈出走向成功的第一步。

3. 合理之美

所谓合理之美是指设计必须符合人们的审美标准和事物发展的基本规律。一个设计之所以被称为"设计"，是因为它解决了相应的问题。设计是把某种计划、规划、设想和解决问题的方法，通过视觉语言传达出来的过程。设计不同于纯艺术，"设计是设想、运筹、计划与预算，它是人类为了实现某种特定的目的而从事的创造性活动"。[②] 设计的合理之美即设计要符合人和事物发展的规律，满足人的生理、心理、情感的需要。

4. 认同之美

"设计是创造商品附加值的方法。"[③] 这也就是说设计在商品的交换中产生价值，而商品的交换具体是产生于消费者与生产厂家的买与卖之间的，那么这里所说的设计的认同之美是指消费者对设计产品的认同感。设计是为大众服务的，产品的大众认同感

① 王鑫：《现代设计美学探析》，《艺术与设计（理论）》2008 年第 5 期，第 14—15 页。

② 尹定邦主编：《设计学概论》，湖南科学技术出版社 1999 年版，第 61 页。

③ 尹定邦主编：《设计学概论》，湖南科学技术出版社 1999 年版，第 61 页。

是设计成功的关键。设计不仅仅是设计师的个人行为，设计不可能独立于社会和市场而存在，符合价值规律是设计存在的直接原因，设计的认同之美关键在于人。首先，设计是为人而设计的，服务于人们的生活需要是设计的最终目的；其次，认同感也是大众的认同感。因此，设计的认同之美依托消费大众和市场规律，大众的审美情趣和残酷的市场竞争造就了现代设计美学这一审美标准。

二、美学价值与艺术价值

审美价值与艺术价值是内涵不同的两个概念，有着两种不同的价值。审美价值是由形式与内容两个层级构成的，艺术价值则有广义与狭义之分；即使狭义的艺术价值，虽与审美价值的关联殊为密切，可升华为情感形态的审美价值，但又毕竟不同于审美价值，而只是审美价值生成的根基。据此，我们或许可更为清楚地看出，审美价值与艺术价值，是内涵全然不同的两个概念，应自成其理论范畴。[①] 早在 18 世纪，德国哲学家谢林即曾宣称"没有美也就没有什么艺术作品"[②]。黑格尔也是以"美"为视点探讨艺术特征的，并特别将艺术定性为"美的艺术"[③]。文艺作品的审美价值由两个层级构成：一是作品的形式技巧，二是其中所表现

① 杨守森：《文艺作品的审美价值与艺术价值辨析》，《文艺理论》2020 年第 7 期。

② ［德］谢林：《艺术哲学》上册，魏庆征译，转引自《介绍弗·威·谢林及其〈艺术哲学〉》，中国社会出版社 1996 年版，第 20 页。

③ ［德］黑格尔：《美学》第 1 卷朱光潜译，第 3 页，商务印书馆 1979 年版，第 87 页。

的美的事物、美的情怀之类。艺术价值有广义狭义之分：广义的是指文艺作品的整体性、综合性价值；狭义的是专就作品的艺术性而言的价值。明了这些不同价值区位，有助于我们打破审美霸权，提防褊狭的审美价值崇拜。以超审美的视野去发掘与肯定相关作品震撼心灵的精神境界，有助于我们从不同维度进行文艺批评。[①]

美学价值（Aesthetic Value）是从哲学价值论角度研究美和审美关系，它是审美客体对人的作用与人的结构、尺度和需求相一致的功效显现，把美看作人与审美客体之间具有价值特性的审美关系。如建筑和高层建筑的美学价值在于人的栖居，表现在物质美学价值和精神美学价值两个方面，前者是满足人类生存和发展的物质需要，是遮蔽所和生活的容器；后者是基于栖居空间的精神需求，实现人之为人的更高层次的精神满足。场所文化是高层建筑精神价值的具体表现形式之一。

艺术价值，主要是指一件艺术品所代表的作者的艺术个性、风格。所反映的民族性和地域性越突出，个性越典型，其艺术价值也就越高。

设计美学研究的使命就是探索设计的本质，并利用审美规律创造新的美的形态，推动设计运动不断向前发展。现代设计美学对具体的人和物进行具体的分析，对于功能美、形式美的研究正日益改变着我们的生活观念和审美标准，设计正在逐步实现对物体功能美、形式美、社会美、艺术美的研究。现代设计的美学思想不仅仅是人类美学的一种理想，同时也是一种美的生活方式。

---

① 杨守森：《文艺作品的审美价值与艺术价值辨析》，《文艺理论》2020 年第 7 期。

三、设计的价值与人文精神内涵

在理论上和逻辑上，界定任何一个概念的内涵，本身就可以从不同角度、不同方面进行，对人文精神内涵的理解和认识，由于学者们观察角度和研究层面的不同，但是共性和个性是统一而不可分割的整体，对同一对象的认识各种观点既然存在着差异性，也就必然有其共性和一般性的方面。人文精神的含义可概括为：人文精神应当是整个人类文化所体现的最根本的精神，或者说是整个人类文化生活的内在灵魂，它的核心内涵是一种生命意识，是对生命的敬畏和关注，并以此作为一切思考、研究和实践的出发点和归宿。

设计的审美价值即艺术价值。设计的所造之物的审美特性是由设计创造的，美是可视的、可触的，美与审美对物而言可分为形态（造型）之美、结构之美、工艺之美和材料之美。设计的审美价值应存在于设计造物的最终结果之中，即使用与被使用的主客体之间功能关系形成之时。如自行车设计创造，若过度施以审美造型的个性化而忽略其属性的本质，就会造成设计客体的非善意结果。在伦理学概念下的审美价值应是客体的审美特性与主体的需求欲望、所及目标的协调一致，达到设计的"正当"与"善意"，即已达到其审美价值功效。设计的伦理价值的基本概念是设计造物中超越实用功能价值和审美价值的更高道德层面的价值，是控制、实施实用价值与审美价值的人文精神层面的能力与自身道德修行的体现。

伦理价值则是精神之善。"人文精神"涵盖了人类对于道德观念、精神境界、精神修养、人格尊严、信仰信念的理想境界的追求，即人类意识和精神修养的内涵，包括人类文明基本成果、人类共同的道德观和价值观、共同的行为规范等内容。目的是使人类在满足自己的需求时，同自然环境和谐相处，平等权利，平等发展，保持可持续性平衡发展。设计师须把握设计的价值取向，恪守设计师的社会责任，设计创造出符合安全标准的、具有人文精神内涵的、有益于自然资源平衡可持续发展的高尚物化作品。基于以上对人文精神含义的概括，为进一步理解和认识人文精神，需要说明如下几个问题。

任何一种所谓的"国际化"的艺术设计，都不可能脱离其赖以生存的民族文化土壤和根基。"民族性"是艺术设计的灵魂，继承的目的是超越和创造。没有民族灵魂的设计作品最终是无法矗立于世界设计之林的，"大民族才是真正的国际化"。

面对先人留下的博大精深的中华民族文化和文化元素，如何在弘扬中华人文精神的基础上，努力开掘传统文化，合理地对传统艺术进行发掘、提升与利用，创造性地理解民族文化精神，创造出既具有鲜明的中国气派，又具有国际地位的中国当代设计，应为我们思考。

"中国人文精神"是中华民族智慧的结晶，是先辈在漫长的岁月中向往美好、追求光明而上下求索的精神沉淀，是一个民族生存发展的生命线。其范围博大而丰富，如中国的哲学思想、古典文学、艺术精神、审美境界、书画篆刻艺术、民间艺术、汉字、园林、建筑、陶瓷、石雕、木刻以及音乐、诗词、戏剧、典故、传说、中药、针灸、武术、围棋、饮食、茶道……这些都是我们当代设计者取之不尽、用之不竭的宝贵的文化资源和中国元素。纵观设计在国际上有影响力的国家及地区，如德国、日本以及中国香港的设计风格和在国际上有影响力的设计大师作品，在他们所谓的"国际化"设计语言图式中，都不难窥探出其所透射的社会文化背景和传统文化根基。

四、艺术设计伦理与动态美学

艺术设计是指把一种计划、规划、设想、问题解决的方法，通过视觉艺术的方式传达出来的活动过程，是设计者自身综合素质（如表现能力、感知能力、想象能力）的具体体现。它涉及社会、文化、经济、市场、科技等诸多方面的因素，是一门综合性极强的学科。

艺术设计无论在概念，还是在形态上都存在着不确定性，而这又决定了设计艺术美学在概念、研究对象等方面的不确定性，此点则关系到设计艺术存在与形成的美学意义。例如从英国的"工艺美术运动"提出"工业产品外形粗燥丑陋，没有美的设计"①，开始功能与美观的结合的设计思想的体现，到后来的"新艺术运动"重新掀起对传统手工艺的重视与热衷，再到后来的"装饰艺术运动"等不同时期都体现了不同的艺术设计风格和审美观。

任何事物自身的美并不是一个孤立的静止的系统，它将随着时间、空间的转化而转变②。充分认识艺术设计美学的复杂性。科学起源于形象思维，终于逻辑思维。艺术起源于逻辑思维，终于形象思维。科学思维从形象走向抽象，艺术思维从抽象走向形象。艺术设计作为科学与艺术的结合体，其思维方式就存在着复

---

① 刘国峰：《对艺术设计中的美学的思考》，载《今日科苑》2010 年第 16 期。
② 王受之：《世界现代设计史》，中国青年出版社 2002 年版，第 52 页。

杂性，体现着逻辑思维和形象思维的交织性特点，从而决定了我们在研究艺术设计美学中存在着复杂的辩证审美关系。

总之，由于艺术设计是一门综合性极强的学科，并在人类历史发展的空间与时间上不断地发展与变化，从而导致艺术设计中的美学不仅具有一般艺术行为的有意味的形式的审美观，同时还有其功能之美等自身独特的东西。所以，我们要注重在历史的发展中动态地去把握复杂的"道中之道"的艺术设计的美学。

五、美学价值中功能美与形式美的认识

人类在长期的认识和改造自然的活动中，在实现着外在自然的人化过程中，创造出客观世界的美，同时也形成了自身的审美感官、心理结构以及审美能力。

1. 人类对于美的创造和追求，体现在"造物"活动的全过程之中，从无目的的选择到有目的的选择，从改造到制造，从简单到复杂，其中，整齐、对称、均衡、规整等美的形式逐渐沉淀下来，形成一种固有的观念，指导着"物"的创造活动。集中体现出功能美的内容；装饰艺术自有人类以来就创造出了各种各样的纹样与风格，而由这些纹样、风格所传达的就是形式美的内容。功能美是人类造物活动中目的性和规律性的统一，它的感性外显即是"自由的形式"，一切产品都是人们为达到一定的目的，按照自己掌握的客观规律对自然物质进行加工改造的结果，当产品实现它的预定功能时，目的性与规律性达到统一，人就取得了一种自由，就表现出一种美。

2. 目的性体现了物的使用功能所传达的内在尺度要求，即构成物的结构、材料和技术等因素所发挥得恰到好处的功利效用。

由此可见，功能美具有一定的功利性特征。规律性表现了功能美形成的典型化过程，在这个过程中包含着积淀、选择、抽象、概括、同化、调节和建构，是一般规律的具体化。功能美的实现，是人们对物的使用过程中，由物所表现出来的目的性功利效用达到了人们使用的美好目的，并为人们带来了某种满足而使人感到愉悦，便形成了这个物的功能美的创造。

3. 形式美是由具象到抽象的凝练，是功能美的抽象形态，是指构成物外形的物质材料的自然属性（色、形、声）以及它们的组合规律（如整齐、比例、均衡、反复、节奏、多样统一等）所呈现出的审美特征。作为内容的形式因素，不仅体现了物的实在性内容，而且还象征并暗示着某些观念的内容。形式美作为形式因素本身所具有的美，它往往是超越了内容而只保留了形式因素本身的性格特征和情感意蕴，如整齐、均衡、节奏、多样、统一的形式规律，是经过漫长的历史社会实践，自然人化了，人的目的对象化了，"理性才能积淀在感性之中，内容才能积淀在形式之中，自然形式才能成为自由的形式，这也就是美"。艺术设计的美是功能美和形式美的统一体，它们是相辅相成、相互依存的共同体，在实际的艺术设计作品的审美过程中应该把二者放置到一个动态的过程中去理解，去阐述，去把握。只有这样，才会更有意义。

第三节 艺术设计伦理中的艺术价值

一、艺术价值的概念与分类

艺术价值主要是指一件艺术品所代表的作者的艺术个性、风格。艺术作品所反映的民族性和地域性越突出，个性越典型，其艺术价值也就越高。艺术的种类分绘画、雕塑、工艺、建筑、音乐、舞蹈、文学、戏剧、电影、游戏等。艺术的种类繁多，根据不同的分类标准，可将艺术分为以下一些类型：依据艺术形象的存在方式可分为时间艺术、空间艺术和时空艺术。美术是一种空间艺术。依据艺术形象的审美方式可分为听觉艺术、视觉艺术和视听艺术。美术是一种视觉艺术。依据艺术的物化形式艺术可分为动态艺术和静态艺术。美术主要是一种静态艺术。依据艺术分类的美学原则可分为实用艺术、造型艺术、表演艺术、语言艺术和综合艺术。美术是一种造型艺术。依据艺术形象的表现方式可分为表现艺术和再现艺术。美术中既有表现性的，也有再现性的。依据艺术行为的表现方式可分为行为艺术、肢体艺术，语言，表情等。从媒介的角度分艺术形象大约可分为视象（绘画、雕塑等造型艺术）、听象（音乐艺术）、心象（文学艺术）和视听形象（电影、电视艺术）等。

二、艺术价值结构层次

1. 艺术的认识价值，是以主体的认识能力为基础而产生的一种具有客观性质的艺术价值属性。它的意义在于可以通过艺术帮助人们去认识自然与社会的本质内涵。

2. 艺术的伦理价值，是以主体的意志能力为基础而产生的一种具有强烈主观色彩的艺术价值属性。它的意义在于可以帮助人们充分体验到人类伦理主体的伟大与崇高。

3. 艺术的审美价值是以主体的想象力为根源而产生的一种属于艺术自身的价值属性。它的意义在于通过艺术作品所展示的精神境界，可以帮助人们充分体验到人类艺术创造的精神魅力。这三种价值属性是人类生命活动方式的必然表现形态。

三、设计价值与人文精神

设计是造物活动中最为关键的环节，正如李砚祖先生讲："设计它预设着所有造物的价值，并规定着造物价值的取向。就其价值而言，设计是价值的缔造者。在设计缔造或预设的价值中，一为实用价值，二为审美价值，三为伦理价值。伦理价值于前两者而言，又是具相关性，即实用价值和审美价值是伦理价值的基础。"[①] 设计的实用价值是设计造物的基本价值，也是首要的价值。在设计造物的各环节中必须达到其功能属性的目标，以及不遗余力地去刻意表达"善意"于其中，以此满足人的活动行为的需求和欲望。比如"床"是为人睡眠所用，它的尺度、造型、材料及所置环境须确保满足睡眠的条件，在设计预设中要以最"善意"的态度合理使用设计要素表现出充满善意的实用价值。

131

四、设计伦理教育的紧迫性

我国的现代设计教育已数十年，从设计的价值与人文精神内涵方面做一下反思，就可发现尚存在诸多问题。1997 年许平教授发表《设计的伦理——设计艺术教育中的一个重大课题》一文，这是我国设计学界较早出现的关注设计伦理问题的论文。设计教育基础的薄弱、教育理念的不清晰、设计教育规律与人才培养的

---

① 李砚祖：《设计之仁——对设计伦理观的思考》，载《装饰》2007 年第 9 期。

内涵教育的缺失，造成了人才质量的问题，社会上各方利益的充斥使得设计价值观扭曲、人文内涵缺乏的种种"作品"频频出现，亦驱使着更多的人在物质与精神需求欲望上产生观念变异，并逐渐地使一代一代的设计师在精神信仰层面的价值观和社会责任上感到茫然。这种有悖于可持续发展理念的恶性循环必然制约着我国的经济文化社会正态发展。然而，形成如此现状，也与政府相关机构与法律依据的空白，以及行业、机构指导不力不无关联。随着学科体系的完善，关于艺术设计的基础理论研究，也有了初步的成果。

现代设计人才培养须更新教育教学理念。在设计教育体系中，内涵教育应以强化人文精神教育为核心。强调创造性人才培养应具备厚重的人文素质基础，甚至人才的人文素质教育较之所谓的创造能力培养的价值更为重要。在对此问题的分析中，我们应该对创造性人才概念做出重新定位与评价。2010年上海世博会的主题氛围已经为此做了定论：创造性人才规格必须具有较完备的人文素养，其创造性的理念应凸显人类可持续发展内涵，那么，设计造物的价值和创造性能力的价值标准也应充满着强烈的人文精神为内涵的设计伦理教育内容。清晰这一观念，对于当下我国经济社会的快速发展以及对设计人才的需求而言，又是非常及时和重要的。

现代设计人才培养须对师资队伍的知识结构实施重组。艺术设计涉及自然学科、人文学科和社会科学三大领域，是综合交叉学科，设计教育中的教育者应加强自身具有国际化视野的认知。须认同教师团队的学缘结构、学科结构与知识结构布局，教师自身的知识结构要顺应现代设计教育的发展趋势。以科学、平和的心态，以及教育者的职业精神和毅力去梳理和重组自身的知识体系。以设计伦理为核心去完善学科理论的建制，以人文素质的储备为教育者的职业精神内涵，实现软知识与硬知识的连接；以知识结构与能力结构的多元交叉形成自身综合的能量和驾驭教育的能力。这些对于学生内涵培养很重要，只有这样方可以使教育者以形而上和形而下的作为去实施传授人文内涵的物化创造活动，进而享受人才教育互动过程的喜悦，并以此获取本职业社会价值的提升①。

现代设计人才培养须加大学科的基础理论课与实践课程中的伦理教育内容，提倡思辨式教学方式，师生互动，加强学生判断能力教育。在构建人文精神素养的过程中，明辨可持续发展理念下的是非观念。同时，也需加大艺术与设计批评教学内容，展开以讨论、辩论形式为主导方式的教学，使设计人才自身职业责任感和人文修养得到提升。整合设计学科理论教育体系，首先借助较为成熟的应用伦理学范畴，例如生命伦理学、生态伦理学、景观伦理学等，参照各应用设计领域的理论成果，整合、构建出设计伦理范畴中的应用理论体系；通过研究中西方设计教育案例，分析、总结出关于设计伦理素养的培养模式；以人与人、科技、产品、环境、文化的伦理关系为线索，在应用设计领域的伦理体系中深化基本原理。

与此同时，在专业课程、技能课程之中，在与社会实践项目的经验获取、与行业机构的互动下，提出设计行业伦理规范可能性；以艺术批评的范式，介入分析设计批评探索伦理尺度判定的可行性；综合前面的研究结果，对照应用伦理学范畴中的法律依

133

---

① 李炳训：《设计的价值与人文精神内涵——设计伦理教育的紧迫性》，载《天津美术学院学报》2012 年第 3 期。

据，提出设计批评及行业规范的模式构想和设计师职业道德守则。须构建设计伦理学教育体系。针对目前各院校尚显零散纷乱的学科理论教育现状，探讨以设计伦理学理论为核心的学科理论体系框架，并做出一些对专项设计应用伦理学研究的尝试。在深入研究元伦理学及应用伦理学的理论成果的基础上，借助伦理学已成熟的学科体系，建立起一个从普适性的艺术设计基础伦理学拓展到各专业应用设计伦理学分支的较为全面、深入、系统的理论构架。一方面对现有的设计学科理论研究做出全面梳理，另一方面对于设计伦理学这一新学科进行范式建构。

构建设计伦理学元理论（学科自系统研究），设计伦理学基本原理、应用设计伦理理论体系以及设计伦理教育的研究实施，有助于弥补我国在大力拓展设计产业时所缺失的伦理教育，从而引导创建更规范的设计师职业伦理，创造更健康的设计产品，构建更可持续的设计产业结构，最终建设更和谐的设计生活，以此体现设计的价值与人文精神内涵的人才教育。

设计教育旨在培养具有国际大视野并具有较强社会责任感和人文精神内涵的设计人才，在本科教育体系中应体现基于人类可持续理念的教育、人与自然的和谐相依生存教育、设计方法论教育，以及体现设计核心价值的判断力教育。当然，又不能忽视全社会共同营造适于塑造人才的人文精神内涵的大环境，而全社会的人文氛围的生成又是我们共同为之努力追求的目标。

第四章 艺术设计伦理体系的构建

第一节 艺术设计伦理的重要内涵

一、艺术设计伦理概念

伦理学是以道德和道德关系为主题进行研究的一门学科，设计艺术伦理学是通过人和社会的伦理意识，运用一定的设计手段，实现人类社会的可持续发展。设计艺术伦理学关注设计与人、设计与环境的关系，关注贫困人口、儿童、残疾人、老人等弱势群体，注重人与自然的和谐发展，主张生态设计、绿色设计，取得人、环境、资源的平衡和协调，设计伦理学是新世纪设计艺术发展的新方向。

最早提出设计伦理命题的是美国的设计理论家维克多·巴巴纳克，他于20世纪60年代出版了一本著作《为真实世界而设计》，在这本书中，他提出了设计的三个主要问题：（1）设计应该为广大人民服务，特别是为第三世界的人民服务，而不是为少数富裕阶层服务；（2）设计不仅仅为健康人服务，同时还必须考虑为残疾人服务；（3）设计应该为保护地球的有限资源服务，并为节约和保护我们赖以生存的资源而提供帮助①。

二、艺术设计伦理的内容

1. 艺术设计的伦理

从伦理的观点来看，一切有利于个人的成长和幸福以及社会生活的保存和发展的自由创造行为，都是善。从这个层面上看，艺术的精神和合理的伦理之间没有任何冲突——显然，艺术与伦理具有与生俱来的亲密关系。在中国，这种亲密关系尤为突出。伦理精神是中国社会的核心精神②，它渗透到社会生活的各个方面，是推动中国文化发展的重要动力。这种伦理精神以宗法血缘关系为纽带。宗法社会的条件形成了中国古代社会特定的艺术语境。艺术在中国数千年来，乃是作为"成教化，助人伦"的手段。进入近现代后，黄遵宪、梁启超、陈独秀等人曾倡导文艺与政教分离。然而，中国独特的伦理文化经过长期的发展演化，已经成为深厚的精神积淀物，艺术在"独立"的口号下并未曾摆脱伦理观的影响，在国家危难的特殊时期，艺术传统的教化作用倍加放大，在救国于危难中发挥了不可估量的作用。

设计艺术是一门综合性的交叉学科，它是沟通和联系人—产品—环境—社会—自然的中介，直接影响人的生活方式。设计艺术伦理学的理论思想总结为以下几点内容：第一，设计要遵循设计伦理的平等性原则，给予贫困人口、低收入人群、残疾人、老

---

① 王受之:《世界现代设计史》，中国青年出版社 2002 年版，第 223 页。

② 王受之:《世界现代设计史》，中国青年出版社 2002 年版，第 223 页。

人等弱势群体以更多的人文关怀。第二，设计要关注日益突出的社会伦理问题，面对社会的多样性，如何使设计更加适应社会的需求，设计如何为社会的老龄化一代服务、为有沉重压力的青年一代服务，设计如何为女性包括孕妇设计服务，等等。现代社会贫富分化加剧，如何来平衡这种现状，这就要求用设计平衡设计的阶级差异性。第三，设计必须认真思考与解决目前地球日益减少的资源与资源浪费等问题，以实现人类社会的可持续发展。第四，设计应注重实现人与人之间良好的沟通与交流，特别是情感的交流，实现彼此的文化认同。

艺术伦理学是以道德关系为基础，其任务是运用一定的伦理学观念与发展规律，基于人和特定条件与环境，设计正确设置行为准则与社会规范，通过物质的人工设计，从道德观念上求得人类社会的共同生存、平等、进步、秩序和安全，给予人类社会容易接受的造物实体，并促进整个社会道德教育[①]。然而，"文化大革命"秉其惯性，继续放大艺术的教化功能，高压政治下艺术的这种畸形的发展，有碍于艺术的自由精神，艺术中出现了"红光亮，高大全"的艺术形象一统天下的局面。在拨乱反正及经济大潮的冲击下，矫枉过正的人们又走向了否定所有道德约束的另一端，于是"道德虚无"被错误地理解成"艺术独立"的标志，艺术中出现了价值失落和道德危机，甚至颓废堕落的趋向，更有甚者，发展为如《对伤害的迷恋》中所描述的的食人肉、玩尸体、虐杀动物等一系列所谓的"行为艺术"，明显危及大众对艺术与非艺术的文化把握的可能。总之，中国艺术自诞生起就与伦理纠

137

---

① 朱铭、奚传绩主编：《设计艺术教育大事典》，山东教育出版社 2001 年版，第 215 页。

缠不清，关于艺术与伦理关系的丰富理论和曲折实践为我们建立中国艺术伦理学提供了必要的条件。

现代主义在思想上强调设计的民主倾向和社会主义倾向，经过两次世界大战及工业文明的洗礼，平民化的概念逐步影响社会的各个方面，现代主义设计的一个核心内容就是要改变设计为权贵的这种数千年的历史，让设计为大众服务[①]。

艺术设计理论与设计艺术教学的发展都不同程度地出现了强调其科学属性、商业属性的倾向，前者为了强化其工作的规范与效率，后者为了提高其与市场经济的规律与操作模式的匹配，如果从设计艺术是为优良的工业化产品的生产与消费服务的实用艺术这一定义出发，这种发展趋向本来无可厚非，问题在于强调了这两种倾向之后，"设计艺术"本身的艺术属性应当置于何处，这一基本的前提反倒在某种程序上被"淡化"了。设计艺术的产品将成为一种"工业产品"，就像其他任何工业的产品一样，纯粹是商品和消费品，与艺术无关，最终势必形成一种极为错误、极为危险的导向。以艺术的名义指导物质产品的生产与消费，是人类追求文明与进步的表现，即使在产业化生产与商品经济的时代，人类也应当懂得如何在物质产品的生产与消费中保持艺术与非艺术的界限，应当懂得如何在生活方式中最终保持一种文明的与审美的精神内涵，而绝不是仅仅将艺术限定为无关宏旨的笔墨游戏。从这个意义上来说，这一问题所关系到的方方面面就不仅仅限于设计艺术的领域了，就是在一般艺术的领域中，人们如何理解与实践艺术的真正含义这一基本的前提也是不能"淡化"或"错位"的。

---

① 王受之：《世界现代设计史》，中国青年出版社2002年版，第223页。

2. 艺术设计人文价值

在原始社会，没有阶级分化，设计是面向全体社会成员的，而随着阶级社会的出现，设计发生了分化，阶级社会的设计价值体现的是统治阶级、王公贵族的利益，设计追求享乐、炫耀的精神需求。

早在 150 年前，英国工艺美术运动的代表人物威廉·莫里斯就提出，设计的中心是人而不是机器。莫里斯关注中产阶级和下层社会的劳动人民，他认为艺术不应该是小部分贵族的特权，普通大众应该也能分享，艺术不仅应该"从人民中来"（by the people），也应该"到人民中去"（for the people）。由他发起的英国"工艺美术运动"对社会性设计最大贡献是认识到了设计的社会属性，强调了设计对社会问题的关注，用艺术设计表现人道主义的社会责任感[①]。这种设计的民主思想经过德意志制造联盟、包豪斯以及乌尔姆设计学院的代代相承，成为现代设计的主旨。

现代主义在思想上强调设计的民主倾向和社会主义倾向，经过两次世界大战及工业文明的洗礼，平民化的概念逐步影响社会的各个方面，现代主义设计的一个核心内容就是要改变设计为权贵的这种已有上千年历史的观念，让设计为大众服务[②]。现代主义设计将普通民众的真实需求作为设计实践和关注的重点，利用设计改变劳苦大众的困苦，促进社会的健康发展，德国的现代主义设计深受人道主义传统的影响，一直以来都非常重视设计的民主性。从穆特休斯到格罗佩斯，一直强调对大众与社会中下层的关注，使普通民众也能享受高品质的产品。美国福特汽车的创始

139

---

① 李乐山：《工业设计思想基础》，中国建筑工业出版社 2001 年版，第 18 页。
② 王受之：《世界现代设计史》，中国青年出版社 2002 年版，第 223 页。

包豪斯风格的经典座椅设计

格罗佩斯风格的建筑

人亨利·福特非常"重视"为大众设计，并将其思想付诸实施。他希望汽车不再仅仅是贵族和有钱人的奢侈品，推行流水装配线作业方式，提高了生产效率，使得大批量生产汽车成为可能，使汽车成为普通阶级能消费的产品。设计作为人类生产方式的重要载体，在满足人类高级的精神需求、协调、平衡情感方面发挥着至关重要的作用。心理学家亚伯拉罕·马斯洛在研究人类动机时，提出了著名的"需求理论"，他认为人的需求层次，由低级的需要开始，向高级的需要发展，呈阶梯形。具体可以划分为以下五个层次：生理需求、安全需求、社会需求、尊重需求以及自我实现的需求。

古希腊哲学家普罗泰戈拉的一句名言"人是万物的尺度"成为人本主义设计的哲学源头。经过文艺复兴和18世纪启蒙运动，"以人为本"的观念成为统领社会政治、经济、文化三方面的核心价值观。设计的人文价值直接体现为"以人为本"的设计理念，设计的出发点和归宿是以促进人的全面发展为导向，不断满足人们日益增长的物质的和精神的需要。设计的社会属性关注"人"，设计面向所有人。

3. 艺术设计的需求价值

美国评论家罗伯特·休斯（Robert Hughes）说："穷人没有设计。"这几年出现了专为老年人设计的手机、轮椅、家居安全防盗系统、坐椅式马桶、老年人助听器以及可以调节高度的汽车坐椅等。老年人专用产品的设计一般都具有易操作性、安全性、明显的符号指示性和稳重成熟等风格特点。比如公交车上老年人专用坐椅，鲜艳的亮黄色、扩大的把手、降低的椅面、坐椅离车门距离最短等人性化细节设计，都是设计的人文价值的生动体现。在发达国家，老年人用品市场是未来十大市场之一，相比之下，我国的老年用品市场明显还有很长的路要走。设计师应以良知和社会责任感关怀现实，服务社会中更多的人，这不仅仅是为了设计自身健康的发展，更重要的是关系到社会的公平与平等，也关系到社会的稳定发展。设计应该关注弱势群体、老龄化社会、环境污染、人类行为规范等各个社会层面的东西，不论产品的使用者其身体有无残疾，是老人或者幼儿，以及存在障碍的程度如何，在产品的形态设计上都要体现出关爱的内容[①]。

设计的社会属性关注的人，既包括普通人，也包括特殊人群；既包括发达国家的人，也包括发展中国家的民众。设计应该面向所有人，不能局限于为少数人服务。

4.设计生态价值

我国四十多年的改革开放，经济呈现出快速增长的态势，但人们在生态观念上的轻视和疏忽，使我国的生态系统和自然环境正承受着巨大的发展压力。当人们沉浸在经济增长所带来的喜悦的同时，却没注意到环境问题已经开始威胁人类的生存，人类赖以生存的生态环境系统受到了严重的破坏：生态环境急剧恶化、全球变暖、温室气体的大量排放、土地沙化和物种灭绝的速度加剧、淡水资源危机、能源短缺、垃圾成灾、有毒化学品污染等。

随着世界的环境污染、资源浪费、生态破坏，能源短缺等一系列全球化问题日益严重，这就迫使人们积极思考如何充分利用大自然提供给我们的有限资源，使整个社会能健康地、持续地发展。日益严重的生态危机也要求设计师要采取共同行动来加强环境保护，以拯救人类生存的地球，确保人类社会持续健康发展，面对日益短缺的自然资源和不断恶化的生态环境，设计师应该肩

① 王受之：《世界现代设计史》，中国青年出版社2002年版，第223页。

负起应有的社会责任，保护环境、实现可持续发展已成为全世界紧迫而艰巨的任务。维克多·巴巴纳克在 1967 年就明确指出：设计要认真考虑地球的有限资源问题。接着，罗马俱乐部发表了名为《增长的极限》的报告，报告中指出：如果全球经济无限制增长，一百年以内，地球上大部分的天然资源将会枯竭。自然环境受到不可修复的污染，不可再生的天然资源被过量开发和滥用，生态系统遭到破坏，酸雨、温室效应、臭氧层破坏、土地沙漠化这些环境问题都是因为人类的无知而造成的恶果。

全球性的生态危机，严重困扰着社会的生存和持续发展，迫使人们重新审视人与自然的关系，以环境资源保护为核心概念的生态设计、绿色设计应运而生，并已成为当今设计艺术发展的主流。"生态设计"成为 21 世纪的一股国际设计潮流，它反映了人们对人为灾难所引起的生态问题的关心。生态设计综合考虑人、环境、资源的因素，着眼于长远利益，取得人、环境、资源的平衡和协调，实现人类和谐发展。

《21 世纪议程》从社会、经济和资源等方面给出了 2500 余项行动建议，是人类历史上第一次将可持续发展战略落实为全球的行动。其中涉及如何减少浪费和改变消费文化、消除贫困、保护大气层、减少有害物质的使用以及促进农业的可持续发展等方面。2009 年 12 月 7—18 日，在丹麦首都哥本哈根召开了世界气候大会，会议全称是《联合国气候变化框架公约》会议暨《京都议定书》第 5 次缔约方会议，这一会议也被称为哥本哈根联合国气候变化大会，192 个国家的环境部长和官员在哥本哈根商讨《京都议定书》，就未来应对气候变化的全球行动商讨对策，这是一个具有划时代意义的会议，毫无疑问，这对全球今后的气候变化走向产生决定性的影响，这是一次被称为"拯救人类的最后一次机会"的行动。

气候变化问题是 21 世纪人类社会面临的最严峻挑战之一，事关人类生存和各国发展，需要国际社会携手努力、合作应对。中国充分认识到气候变化问题的严重性和紧迫性，一向本着对人类长远发展的高度负责精神，坚定不移地走可持续发展道路，发布实施了《中国应对气候变化国家方案》，采取了积极应对气候变化的强有力的措施和行动，为应对气候变化做出了不懈努力和积极贡献。当代中国提倡资源节约型社会、环境友好型社会，从源头上说，设计起着节约资源的调控开关作用，设计应从社会民生的长远发展出发，为资源的可循环利用服务，中国设计师应肩负起社会的责任。进入 21 世纪，工业社会所产生的资源开发与环境保护等方面的问题日益突出，已威胁到人类社会与生物圈的生存与发展。人们不得不关注人类自身与自然生态环境的协调问题，反省人与自然的关系。"生态设计"作为解决生态问题的重要手段，引起了人们的广泛关注，它已成为国家可持续发展的重要战略。不少设计师转向从深层次上探索设计与人类之间一种可持续发展的关系，力图通过设计活动，在人—社会—环境之间建立起一种协调机制，这也成为设计发展的一次重大转折。

设计师提倡"生态设计"，降低资源的能耗，使产品易于拆卸、包装和运输，节约成本，使材料和部件循环使用，使更多无污染的绿色设计进入市场，形成一个良好的消费循环和可持续发展的导向。在提倡节约型社会的今天，一方面是面临能源、原材料的短缺，另一方面却是在城市周围垃圾堆积如山，成为环境公害，道德已成为新时代对设计师的一项重要要求。"绿色设计"（green design）是旨在保护环境、节约能源的设计浪潮，绿色设计的核心是"3R"理论，即 Reduce（减少理论）、Recycle（循环理论）和 Reuse（再利用理论），该理论不仅要尽量减少物质和能源的消耗、减少有害物质的排放，而且要使产品及零部件能够方便地分类回收并再生循环或重新利用。20 世纪 80 年代开始，就出现了一种追求极简的设计流派，将产品的造型简化到极致，这就是所谓的"简约主义"。

巴巴纳克认为："设计师应该对所有的产品负责，因此也就应该对目前我们对环境造成的破坏负有不可推卸的责任。设计师不仅要对设计负责，还要对自己没有尽到责任而负责。"①"生态设计"作为解决生态问题的重要手段，引起了人们的广泛关注，它已成为国家可持续发展的重要战略。进入 21 世纪，人类社会的可持续发展是一项极为紧迫的课题，生态设计已成为当今设计的主题，生态设计必然会发挥重要的作用。

5. 艺术设计社会属性

设计的社会属性体现了人们永续发展的思想，设计社会学体现了设计学和社会学的交叉融合，是在社会学及社会协同学相关理论的指导下产生的一种新的设计模式。其观念表现为"社会性设计思想"，它要求设计以解决社会性需求为目标，关注弱势群体，关注人类社会、经济和环境的可持续发展。社会性需求应该是实现人类可持续发展的需求，是人的基本需求和社会、环境可持续发展需求的总和，设计的社会属性是以解决社会性需求为目标的设计，这些需求包括发达国家保护环境和资源的需求，发展中国家解决人口、温饱、发展的需要，以及各国老、弱、残等特殊群体的需求等。1948 年 12 月 10 日联合国大会通过了《世界

① Papanek V. *Design for the Real World*. London: Thamesand Hudson, 1971, p.56.

人权宣言》（*Universal Declaration of Human Rights*），宣言提出了现代社会人类的 25 项基本需求，包括住房、医疗、必要的社会服务等，强调了每个人都有享受健康幸福生活的权利，提出了为弱势群体服务，克服了他们的心理、生理和社会障碍。设计社会学研究设计社会的各领域，包括生态设计、通用设计、女性设计和社会责任设计等[①]。重点关注可持续发展、社会责任、健康、贫穷、环境问题、性别平等和社会歧视等问题，其目标体系体现了社会性设计的核心特征，涵盖了与社会相关的几大领域[②]。巴巴纳克将弱势人群和第三世界民众纳入设计对象的范围，同时也将社会和环境问题作为设计关注的对象。设计师的社会职责不再仅限于为大众设计和装饰伦理问题，而是扩大到关注全人类可持续发展的层面。为了处理、调整、协调人类与环境、与地球的关系，解决地球危机，人们正在努力寻求管理环境资源和使人类持久发展的新方法，这种思想观念已经渗透到了人类社会的各个领域中。进入 21 世纪，大规模的设计展在推动社会性设计理念上发挥了很大的作用，如 2007 年在纽约 Copper-He-wlett 国家设计博物馆举办了主题为"为剩下的 90% 设计"设计展（Design for Other 90%）。参加这个展览的共有 30 个社会性设计项目，它们都以第三世界人们的基本生活需求为出发点，很好地展示了社会性设计发展现状。这些设计展示的项目涵盖了第三世界的医疗、卫生、基本生活、农业经济、社会和环境等社会性需求的各个方面。"为剩下的 90% 设计"简称"为第三世界设计"，占世界总

146

---

① Nieusma D. Alternative Design Scholarship: Working To Ward Appropriate Design. *Design issues*, (July 2004), pp, 13—24.

② 吴瑜:《社会性设计模式研究》，武汉理工大学博士学位论文，2009 年，第26—28 页。

人口 90% 的第三世界民众，无法享受发达国家人民习以为常的产品和服务，一些有责任心的设计师于是发起名为 Design for the other 90% 的设计运动，希望寻找简单和低成本的方法解决第三世界人群的住宅、健康、饮水、教育、能源和交通等各方面社会性需求。

设计伦理学站在设计的最高点，它从设计哲学的角度，探讨作为人、物、生态环境之间的基本关系入手，从设计长远的发展趋势来看，揭示出设计的实质，从而正确把握设计的方向。设计伦理学运用可持续发展的思想和理念，为人类社会作出了巨大贡献。

三、设计艺术的设计伦理性发展

姜松荣教授认为，古今中外的设计活动与成果和当代设计界的状况来对比，现在人们的需求已经达到了更高的阶段。[①] 因此我们的设计需求应该逐渐转变为面向各种人群。社会上部分艺术家不顾伦理道德进行的行为艺术、改革开放后不同地域风格趋同的建筑形式和过度包装造成大量浪费等问题仅仅要求经济、实用、美观的价值缺陷促使我们设计伦理填补设计中道德的缺失，从而达到设计伦理和设计活动同生共荣。他表明作为设计师、艺术家要坚守职业道德和责任感，平衡利和义，在自律与他律的共同努力下贯彻与实施设计伦理原则。[②]

---

① 姜松荣:《设计的"伦理原则"》,《设计》2019 年第 12 期, 第 70—71 页。

② 姜松荣:《"第四条原则——设计伦理"研究》, 湖南师范大学博士学位论文, 2009 年, 第 209—226 页。

伦理是基于道德基础上的人与人之间的关系。道德是人与人之间产生关系时的行为规范。设计伦理是指设计活动中应该遵守的伦理原则与法则以及设计师的伦理道德责任。设计伦理作为一种意识形态与文化形态必然会与同样属于意识形态与文化形态的设计活动产生这样或那样的联系。而伦理、道德属于哲学范畴，属于上层建筑，对具体的设计活动产生指导与规范作用。设计伦理作为一种应用伦理，它会对其所适用的设计领域具有引导、规范与判断的功能，并且会渗入设计的全过程，包括设计理念的选择与确立、设计过程的指导、设计结果的评判，并延伸到在设计活动指导下的生产活动。

实用、经济、美观被认为是设计的三条基本原则。然而，在特定的历史条件下，在人们的价值追求更趋完善的时候，通常的"设计三原则"已不能保证设计目的的完美实现，伦理的介入将有效地弥补这一不足，从而成为设计的"第四条原则"。下面我将从伦理的角度，以古今中外的设计活动及设计产品为审视对象，阐释伦理在设计活动中的意义、地位与作用，伦理与实用、经济、美观之间的相互关系，伦理影响设计活动的机制、途径与结果以及如何使伦理原则得到有效的贯彻与实施等诸多问题。

众所周知，在西方工业化革命以后，我国改革开放以来，科技的力量大大提高了人类征服自然和改造自然的能力，获取物质财富的方式与手段较以往任何时期都更加便捷和高效。但在人们过分追求物质利益的同时也产生了一些极为严峻且不可回避的问题：自然资源过度消耗；生存环境严重污染；社会财富分配不均；精神追求麻木空泛；产品设计冷漠低俗；等等。这些问题已经严重阻碍了社会的健康发展和文明的进步。要改善这一种有碍社会和谐与文明进步的状况，有必要从价值观的角度正本清源，而伦理价值是调节人与人之间、人与社会之间、人与自然环境之间关系的有效而重要的纽带。

设计是一个非常广泛的概念，大到国家建设，中到城市规划，小到产品设计，它覆盖了人们生活的各个方面，与人们的切身利益息息相关。设计伦理就是在设计活动中应该遵守的道德法则和具有道德价值的行为规范。它有助于在设计活动中合理地平衡"利"与"义"的关系，协调人与自然、人与社会、人与人之间的相互关系。我们以事实为基础，从理论的高度提出设计的伦理原则，并把它作为设计应该且必须遵守的第四条原则。因此，从学术价值来看，这将有助于拓宽伦理学、设计学、艺术史学等学科理论研究的新视域，丰富其新命题，开创其新境界。从应用价值来看，将为政府有关部门、设计机构、企业单位从事设计规划、设计管理等工作提供合理的理论支撑，从而有助于把握正确的设计方向，完善设计的价值构成，真正使设计活动及其产品达到真、善、美的完美统一。

因为人类的生产活动都是有目的、有计划、有结果的活动，也就是说生产活动是"设计伦理"研究在设计思想指导下所实施的具体过程。设计活动以及在设计指导下的生产活动是一个完整的过程。它主要包括产品设计、生产流程、产品实现三个基本环节。伦理作为一种观念性的存在，它贯穿在三个环节的始终。

1. 古代设计中的伦理思想探析

无论中外，宗法礼制是一种社会的组织结构和文化结构，从深层次的文化观念到具体的生活方式都深深地受着它的影响，在社会结构及人际关系中起着极为重要的作用。作为上层建筑之一的设计艺术必然不可避免地浸润在这种特定的"礼制文化"之中而带有浓郁的礼制伦理色彩。

设计理念是整个设计活动的灵魂，它决定着设计的发展方向与价值取向。在不同的历史时期、不同的国家、不同的民族、不同的人群中间，设计理念表现出很大的差别。在社会主义出现之前，在工业革命出现之前，在现代化生产方式形成之前，设计的理念基本上是为政治而设计，为宗教而设计，为贵族而设计，为精英而设计。就像社会结构的本身一样，设计也是一种充满等级观念的思潮，并为形成与维护社会的等级制度推波助澜。纵观中外设计史莫不如是。[①]

宗教作为人类认识世界和解释世界的特殊方式，对人的精神具有特殊的感召力和控制力。他对人类文化的影响是广泛而深刻。世界上影响最大的基督教、伊斯兰教和佛教都倡导人心向善、尊卑有序，具有明显的伦理与道德意涵。无论是宗教本身所需要的宗教建筑、宗教艺术、宗教用品还是一些泛宗教用品的设计都会受到宗教精神的影响。

人类是大自然的组成部分，必须与大自然的活动规律相适应、相协调。正确认识与处理人与自然之间的关系事关自然界的有序运行和人类自身的健康发展。"天人合一"哲学思想本质上是一种辩证思维，是对天与人辩证统一关系的论述。作为传承至今的中华文化瑰宝，"天人合一"思想一直被引用，并随着时代发展进行了改革和创新。在"天人合一"思想中，人与天是辩证统一的关系，二者相辅相成，共生共荣，而不是对立的、分裂的，"人"应该顺应"天"，即人事要顺应天意，尊重"天"本身

---

① 姜松荣：《设计的"伦理原则"》，《设计》2019 年第 12 期，第 71 页。

的发展规律，在此前提下开展人的各项活动，才能实现"人"与"天"的和谐统一。作为为满足人类需求而进行的设计也必然要尊崇天地自然的运行秩序，才能协调人类与自然的和谐发展。

2. 现代设计的伦理审视

伦理的视角对现代设计的现实进行扫描与审视，分析现代设计的时代特征，评价现代设计的成败得失。

自工业革命以后，社会体制的变革、科学技术的推广，使得封建制度下的等级制度和宗教力量逐渐失去了其主导地位。公平、正义、民主、科学成为社会的共同价值目标，现代设计在设计思想上也随之完成了一次具有伦理价值的重大转变：设计由为精英服务转向为大众服务，全社会的自然人都成为设计的服务对象。另一方面，由于科学的实证性与技术的客观性以及设计对技术的日益依赖，导致了设计在人文方面的失落而显示出过分的理性甚至有些冷漠。更为严峻的是，在市场经济条件下，人们的物质欲望急剧膨胀，享乐主义、拜金主义大行其道，而现代的技术手段又使得人们获取物质资源较以往任何时侯都快捷与高效，于是为了人类自身的利益，地球成了人类疯狂攫取的资源宝库和废物回收站，使地球同时遭受资源被索取与环境被污染的双重打击，地球的尊严受到了前所未有的挑战。急功近利的思想、各自为政的作风，导致了城市的表情变得杂乱无章。在这种现实环境面临困境的时候，设计界在20世纪80年代提出了"绿色设计""人文设计"等具有伦理意蕴的设计理念，现代社会与现代设计也正在经历一个伦理失落与伦理复归的循环。

以人为本的科学发展观正是"天人合一"思想对于人的重要性的集中体现，是将人与发展之间的辩证关系进行分析后得出的正确判断。"天人合一"本质上是对自然行为、自然规律和自然主体地位的辩证统一，在这个过程中，人的作用是关键，是决定其他行为的基础，也是其他行为活动的最终目标。

3. 第四条原则——设计伦理

根据历史的演绎与现实的考察，对原有的设计原则进行检视与反思，从价值构成的层面提出设计的伦理原则已成一种必需和必然。

实用、经济、美观一直被认为是设计应该遵守的三条基本原则。这三条基本原则在特定的历史阶段和特定的设计范围中，也能基本上实现人们的设计目的，但当我们对设计做一个较为完整和全面的考察时，当我们面对当今社会的高层次需求时，我们就会发现原有的设计"三原则"已经不能完全满足人们的价值需求。

大量的设计遗存中可以得到充分的证明，无论在中国的封建社会或者西方的宗教化时期，伦理价值都是设计活动的重要考量。但在实用主义盛行的近现代工业化时期，伦理需求经历了一个相对低谷的阶段。在经济获得大跨度的发展以后，人们的物质需求得到满足以后的今天，通过对现实环境遭遇危机后的反思，人们对价值构成又有了更完善的渴望。正如马斯洛需求理论所说的，人们在满足了生理需求和情感需求的基础上，必然会追求自我价值的实现。在这种背景下，伦理的介入将会有效地弥补实用、经济、美观作为设计三原则所潜藏的价值缺陷，从而使设计活动及其产品具有更加完善的价值构成。

实用、经济、美观、伦理，每一条原则都反映了设计的某方面的要求，具有相对的独立意义和应用空间，它们在不同的领域、不同的设计门类中发挥着不同的作用。另一方面，伦理与实用、伦理与经济、伦理与美观之间既存在着矛盾，更具有统一，它们彼此之间是一种辩证关系。另外，设计的伦理原则与其他三条原则不完全是平行关系，而是形而上的具有统率和指导性的意义。伦理价值表现为整体的、综合性的价值，它需要与其他三条原则在适度与合理的范围内同时综合考量。

四、设计伦理影响设计活动的机制、途径与过程

设计伦理以自律的形式影响设计者的价值判断与价值选择。设计者的道德认识、道德理想、道德情感融入设计理念之中，并在设计的各个环节中自觉地用符合道德标准与规范的思想督促自己的行动，从而实现设计的伦理价值。

五、设计伦理原则的贯彻与执行

伦理道德是以一种"应然"的形式作用于社会，通过设计伦理教育和价值观念的完善，使之在社会结构与经济结构中成为人类的自觉追求。提高设计人员的道德水平和职业道德素质，以职业道德的形式自觉地规范自己的行为，使设计活动符合具有伦理价值的职业标准与要求。同时，完善行业法规也是保证设计伦理得以实现的必要手段。

1. 设计伦理应该成为具有形而上意义的统帅性的指导性原则。伦理价值在自我价值体系中处于精神层面的重要位置，因而它必将以自我价值的形式成为人们自觉追求的重要需求。伦理原则与实用原则、经济原则、审美原则并行不悖，具有相互促进的作用。

2. 伦理价值是提升设计品位、推动设计健康发展的内在需求和动力。伦理、道德虽然以一种"应然"的形式作用于社会，但

由于它以一种合理的关系和高尚的境界来协调人类内部以及人类与非人类之间的关系并使它们之间的关系处于和谐的状态，因而，社会需要这种价值观念和道德力量并成为人们的自觉追求和内在动力。

3. 价值构成具有流变性，设计原则具有恒常性。设计活动及其产品的价值内涵会因时因地而有所变化，但设计应该遵守的原则具有普遍性、恒常性，否则会造成部分价值的缺失。

4. 设计伦理与设计活动同生共荣。从宏观来看，伦理价值也存在于设计的各个领域，在各个历史时期的设计活动中都存在伦理价值。从微观来看，设计伦理贯穿于每一设计活动的始终。设计伦理与设计活动同生共荣是设计活动中的普遍规律。

第二节　设计艺术的伦理性思考

对于设计伦理的内涵的分析，伦理学是以道德和道德关系为主题进行研究的一门学科，设计艺术伦理学是通过人和社会的伦理意识，运用一定的设计手段，实现人类社会的可持续发展。设计艺术伦理学关注设计与人、设计与环境的关系，关注贫困人口、儿童、残疾人、老人等弱势群体，注重人与自然的和谐发展，主张生态设计、绿色设计，取得人、环境、资源的平衡和协调，设计伦理学是新世纪设计艺术发展的新方向。

对设计的伦理性的理解，它既包括纯粹理论性的分析、综合整个思想的发展脉络，也包括设计的伦理性的具体设计实践及其设计思想的表现，主要体现为理论性的分析与实践性的体现的综合。对于设计伦理的定义的总结，即设计的伦理表现为从伦理道德的高度出发，以"人"为核心，处理人的综合关系，通过视觉传达的方式建立秩序、和谐"人"的生活方式的过程。从其设计的伦理的定义界定问题上，我们可以清晰地将设计伦理所研究的问题、内容了解清楚。

设计的伦理可以这样来理解设计学与伦理学的综合，设计伦理以伦理道德作为出发点和理论的依据，从理论上确定了其思想的高度及深度，确定了设计伦理的道德性，真正做到设计伦理的人性思考。这里我们需要注意的是将伦理道德作为其思想的前导，并不是纯粹伦理学中道德的内涵，这里更多侧重的是伦理学的美德伦理，即优良道德的实现以及规范伦理的范畴，优良道德的制定，其隶属于道德价值和道德规范的层次，即"伦理行为应该如何的优良道德"。

什么是伦理？在道德哲学意义上的。"伦理"具有以下重要的概念规定。[①]"伦理是一种本性上普遍的东西"，这种"本性上普遍的东西"就是（单个）人的"共体"或公共关系。伦理关系的内核是人伦关系，人伦关系的哲学本质不是人与人的关系或所谓的"人际关系"，而是"人"与"伦"即个体与他的共体或公共本质的关系；伦理行为也不是个体的或偶然的行为，而是整个的和普遍的，伦理行为的内容必须是实体性的，换句话说，必须是整个的和普遍的；因为伦理行为所关涉的只能是整个的个体，或者说只能是其本身是普遍物的那种个体。[②]

伦理性的共体或公共本质的基本形态是家庭与民族，家庭与

① ［德］黑格尔：《精神现象学》下卷，王玖兴译，商务印书馆1996年版，第8—9页。

② ［德］黑格尔：《精神现象学》下卷，王玖兴译，商务印书馆1996年版，第8—9页。

155

民族是两个最基本的伦理实体。家庭是自然的和直接的伦理实体，家庭伦理关系的本质不是家庭成员之间的关系，而是个别性的家庭成员与家庭整体之间的关系。因为伦理是一种本性上普遍的东西，所以家庭成员之间的伦理关系不是情感关系或爱的关系。在这里，我们似乎必须把伦理设定为个别的家庭成员对其作为实体的家庭之间的关系，这样，个别家庭成员的行为和现实才能以家庭为其目的和内容。① 在家庭和民族的伦理实体中，个体的伦理存在的现实性是"家庭成员"与"民族公民"。虽然家庭是直接和自然的伦理实体，但只有在民族中，个体才真正具有伦理的现实性。因为一个人只作为公民才是现实的和有实体的，所以如果他不是一个公民而是属于家庭的，他就仅只是一个非现实的无实体的阴影。②

　　根据伦理实体的两种形态，便存在两大伦理规律，即所谓"神的规律"与"人的规律"，它们分别对应家庭伦理关系与民族伦理关系。用中国道德哲学的话语表述，这两大伦理规律便是所谓"天道"与"人道"，两大伦理关系便是所谓"天伦"与"人伦"。

　　在法哲学与现象学的体系中，"伦理"与"道德"的地位是不同的。在黑格尔精神现象学的体系中，"伦理"是"真实的精神"，处于客观精神发展的第一个环节；"道德"是扬弃异化后"对其自身具有确定性的精神"，处于客观精神发展的最高阶段。但是，"伦理"作为普遍性和普遍物的本质是同一的，"伦理"与"道德"辩证发展的本性是同一的。二者的区别源于：现象学以意识

---

① ［德］黑格尔：《精神现象学》下卷，王玖兴译，商务印书馆1996年版，第10页。

② 樊浩：《中国伦理精神的现代建构》，江苏人民出版社1997年版，第294—310页。

为考察对象，法哲学以意志为考察对象。

一、设计伦理与设计的目的、本质及原则

设计伦理与设计的目的、本质及原则的关系，旨在界定设计伦理性的存在意义。"设计的目的是为人民服务，这是至今已为人们多共识的概念。设计运用科学技术创造人的生活和工作所需要的物和环境，并使人与物、人与环境、人与社会相互协调，其核心是为'人'，这里的'人'即是生物的人，同样也是社会的人"。为人民服务具有双重性的含义，再作进一步的思考为人服务的设计目的是"合理的生存方式"的设计目的原则的衡量尺度，联系到设计的伦理性思考，即设计的伦理与设计艺术的目的在其内涵上取得了思想性的契合，设计伦理是设计目的更好地实现为人服务的目的、实践的思想指导。从这点上来看，两者既存在理论性的思想契合，又存在其内在的联系性的互相作用及思想的共融。设计艺术在不断的理论探讨及实践过程中，不断遵循某些准则，同时不断提出发现新的问题，为设计伦理的新思想寻找解决的关键点。设计的目的是为"人"服务的具体实践表现为"合理的生存方式"，设计伦理就是处理设计艺术所涉及的关于"人"的和谐、秩序化的关系问题，因为我们这里所认识的人既是生物的人，又是社会的人的复杂情况，同时社会的人又存在着复杂的差异化和"阶级"等。

二、中国远古艺术与伦理的深刻渊源

中国伦理系统是以宗法血缘关系为纽带的，我们不妨首先通

过图腾崇拜与生殖崇拜来追溯我国远古艺术与我国宗族血缘伦理的深刻渊源。

我国以宗法血缘关系为纽带的中国伦理系统的产生和发展，是从图腾崇拜发展为原初的祖先崇拜（即生殖崇拜）进而演进为家族伦理精神并随家族体制的巩固而成为整个社会意识形态的支柱。系统考察我国原始艺术诸形式如神话、巫术、面具、图腾、原始岩画后，我们不难发现这些形式后面均有一个共同的实质即祖先崇拜。其中图腾崇拜是自然崇拜过渡到祖先崇拜的产物，而生殖崇拜是祖先崇拜的较为原初的形式。因此图腾崇拜与生殖崇拜乃中国伦理学之源。

首先，图腾崇拜是我国宗族血缘伦理系统的心理基础。由图腾崇拜衍生出来的种种艺术形式，其与宗族血缘伦理具有与生俱来的密切相关性。

传说中的西王母、伏羲、女娲、炎帝、黄帝等均是氏族部落的首领，从他们的形象上看就聚集了图腾崇拜的因素。如《史记·补三皇本纪》："太昊庖牺（即伏羲）氏，风姓……蛇首人身。"《山海经》："西王母其状如人，豹尾，虎齿而善啸，蓬头戴胜。"《史记·补三皇本纪》："炎帝神农氏……人身牛首。"《述异志·卷上》："蚩尤氏耳鬓如剑戟、头有角。"很明显地，在先人们看来，王或氏族首领就是图腾的化身。中国古籍中记载的以兽为部族名称的甚多，如共工、讙兜、三苗、鲧等，《山海经》中均作兽形。又比如《史记·五帝本纪》中有："教熊、罴、貔、貅、䝙、虎，以与炎帝战于阪泉之野。"所谓熊、罴、貔、貅、䝙、虎等当为图腾的记号无疑。再如《竹书纪年·帝舜元年》载："即帝位……击石拊石，以歌九韶，百兽率舞。"《拾遗记·神农氏》亦载："……奏九天之和乐，百兽率舞，八音克谐。"其"百兽率舞"，无疑实为先民模仿或化装为动物的富有图腾意义的舞蹈罢了。

在图腾崇拜活动中的先民，较多采用身体装饰如涂色、黥面、文身、结发、镶唇、穿鼻、毁齿等来达到与图腾的相似，以求图腾祖先的庇佑。我国史书中对此亦多有记载。《淮南子》云："九疑之南，陆事寡而水事众，于是人民断发文身，以象鳞虫。"高诱注曰："文身刻画其体，纳默其中，为蛟龙之状，以入水蛟龙不能害也。"海南岛的黎族妇女，常刺额为花草蛾蝶状，所谓雕额漆齿，《广东通志》卷二八载："（黎俗）……绣面乃其吉礼。女将及笄，置酒会亲属，女伴自施针笔，涅为极细虫蛾花卉，而以淡粟纹编其余地，谓之绣面。"其实，黎俗之文身不只施于及笄的妇女，据《海槎馀录》云，黎族"男女周岁，即文其身"，因为他们认为不这样做的话，"则上世祖宗不认其为子孙也"。其求庇佑于图腾祖先之意，至为明显。

其次，生殖崇拜是宗族血缘伦理观逐步成形的反映。宗族的繁衍延续和不断壮大是保证宗族成员得以生存的重要条件。生存竞争的要求，需要宗族保持旺盛的繁殖力，使宗族和家族得以壮大，不至于被消灭。原始社会的神灵崇拜、伦理道德、行为规范、艺术风格、审美观与世界观，都是以"种"的延续为中心建造起来的。"生殖崇拜"正是我国先民的这种天赋伦理观的直观表达。人类是从母系氏族过渡到父系氏族的，因此，人类的生殖崇拜也是从女性生殖崇拜开始。

老子在《道德经》中就记载了古代先民对女性生殖的崇拜："玄牝之门，是谓天地根。"湖南黔阳 7400 年前的高庙遗址出土的陶画上，就有以太阳为母体的多头鸟纹，这些从太阳的产门中生下来的许多鸟头，就是把女性生殖崇拜与太阳崇拜结合在一起的象征。这种现象，同样发生在长沙南沱 7000 年前的大塘遗址中。由于原始古俗以太阳为女性，因此，画中的"太阳生育神鸟图"可视为女性生殖器崇拜。云南元江的它克崖画，画了许多女像，有些身边画有女阴图像，有的干脆把女像的身体就画成了一个庞大的女阴，明显地突出了生殖崇拜。在岩画中还有一种表达生殖崇拜的方式，就是连成片的兽蹄印迹和人的足印迹。这在我国内蒙古、青海、宁夏等地多有发现，这类图像也是生殖崇拜的形象记录，"姜嫄履大人迹"的故事或可解释一二。《诗经·大雅·生民》云："厥初生民，时维姜嫄。生民何如？克禋克祀，以弗无子。履帝武敏歆。攸介攸止。载震载夙，载生载育。时维后稷。"在山畔刻画大人足迹，或许是妇女求生育时践踏摸持之用，或为氏族跳生育舞时提供交感对象。

到了父系氏族社会后，男权超过了女权，因此，生殖崇拜也出现了变化。女阴崇拜逐渐被男阳崇拜所取代。

商代青铜鼓的鼓钮上有"双头连体鸟"，铜鼓的鼓身上刻画有一个人面鸟爪的裸男神，在他的男阳两旁，各有一条鱼，表现了中国古代以鱼隐喻女阴的习俗。四川成都的汉代画像砖上，曾出土过画有男女在桑间濮上以交合祈年的图画。宿县褚兰集西南墓山孜汉代画像石墓里，画像石刻刻的是伏羲（传说中的男始祖）与女娲（传说中的女始祖）交欢的形象，在定远凤阳出土的画像石上，也有同样

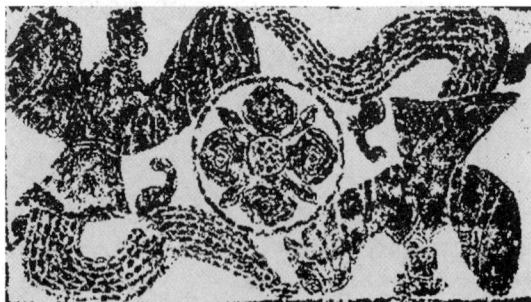

宿县汉墓伏羲女娲画像

的石刻形象。画面显示出两位始祖交欢时的情景，并有莲花还盛开。莲花还结出众多的莲子，寓意伏羲、女娲的性行为创造了人类。至于原始崖画中，生殖崇拜更是屡见不鲜。新疆巴尔达湖岩画上，画有装扮神鸟的男女相向交合图。在天山北麓石门子沟岩画上，画了一对跳舞的男女，男子腰系一根硕大无比的有提梁的男阳模型，用手提着刺向女子，女子则张胯迎接。

自古"礼不下庶人"，因此，中国社会的上层文化人，虽然对"生殖崇拜"讳莫如深，但在民间，特别是少数民族中间，则从古至今，生殖崇拜的风俗从未断过。生存与繁殖是生物界的共同规律，人亦不例外，即孔子所谓"食、色，性也"，食乃为了个体之生存；色，乃为了整体之延续。无论是原始时代的生殖崇拜或封建时代的性禁锢，只不过是反映了人类在不同的历史时期的不同的伦理观念而已。

强调文艺的辅政化民，移风易俗之功能乃是我国古代思想文化发展的一种基本倾向。大约成文于西汉的《诗大序》上承《尚书·虞书》"诗言志"说，将诗学引入了一种偏于认知的、伦理的文化功能系统："情发于声，声成文谓之音。治世之音安以乐，其政和；乱世之音怨以怒，其政乖；亡国之音哀以思，其民困。"因此，《诗大序》认为诗的最终目的即在有助于伦理教化，亦即："故正得失，动天地、感鬼神，莫近于诗。先王以是经夫妇、成孝敬、厚人伦、美教化、移风俗。"可见，汉时确实是把伦理效用视为诗学的根柢和旨归的。

绘画方面，由于西汉统治者提倡绘画为政教服务，宫殿壁画大兴。文帝三年(公元前177年)曾在未央宫承明殿，画屈铁草、进善旌、诽谤木、敢谏鼓，藉以标榜吏治"清明"。诸侯王亦纷纷绘制宫殿壁画，王延寿《鲁灵光殿赋》云："图画天地，品类群生……上纪开辟，遂古之初。五龙比翼，人皇九头。伏羲鳞身，女娲蛇躯。……焕炳可观。黄帝唐虞，轩冕以庸，衣裳有殊。下及三后，淫妃乱主。忠臣孝子，烈士贞女。贤愚成败，靡不载叙。恶以诫世，善以示后。"

只一句"恶以诫世，善以示后"，便使统治者的良苦用心昭然若揭。这种以文艺为政教之具的观点，在魏晋南北朝时期虽有所削弱（陆机就只讲"诗缘情"，"发乎情"，绝口不提"止乎礼义"，这就明显地背离"诗教"轨道），但三国时曹植还是明确地提出国画的功能是："观画者见三皇五帝，莫不仰戴；见三季异主，莫不悲惋；见篡臣贼嗣，莫不切齿；……是知存乎鉴戒者，图画也。"（《陈思王集·画说》）

南齐谢赫亦在《古画品录》中论及："图绘者，莫不明劝戒，著升沉，千载寂寥，披图可鉴。"

从曹、谢的评论可见，兴成教化，鉴戒贤愚，成为魏晋时期品评绘画作品的首要旨归。唐宋以降，文学的政教功能再度得到强调，韩愈的"修辞明道"说，周敦颐的"文以载道"说应运而兴，并对后世影响深远。而画家张彦远更是将"兴成教化"的艺术批评观作了进一步阐述，他在《历代名画论》中开宗明义写道："夫画者，成教化，助人伦，穷神变，测幽微，与六籍同功，四时并运。"

绘画由于具有礼教伦理作用而被提升到了与六籍同功的地位，文艺以政教为旨归的批评观可谓发展到极致。

在这种以政教为旨归的批评观的渗透下，人品与德行往往成为中国古代思想家评价艺术作品和艺术家的前提。突出表现之一是中国古代诸多诗话词话书品画评往往着眼于从艺术家的生平乃至日常生活的言行举止中去分析其文艺作品，由人及艺，由品艺与品行合而为一，是中国论艺的独特方式。《论语·学而》有言："弟子入则孝，出则悌，谨而信，泛爱众而亲仁。行有余力，则以学文。"

可见，在孔子看来，先修德行，学文才有根柢，艺术的政教功能才有保障，所以，艺术家的品质首先地被道德所检验，"文如其人"，道德人格成为艺术人格的核心，这就是中国古代文艺批评所依据的重要准则，韩驹有言："诗言志，当先正其心志，心志正，则道德仁义之语高雅淳厚之义具。"（范季随《陵阳室中语》）显然，在批评者的眼中，文艺的审美品味与道德修养的品位是一致的。

由于批评者眼中文艺的审美品位与人物修养品位的一致性，品评鉴赏人物的审美方式在文艺领域内产生了极大影响。袁昂的《古今书评》，庾肩吾的《书品》，谢赫的《画品》，姚最的《续画品》及钟嵘的《诗品》等文艺品评专著及其他涉及文艺的论著，无不渗透着这种审美方式的影响。人物品评的方法和范畴也直接影响到书、画品评，在分类方法上，无论是《画品》中的六品，还是《书品》中的九品，都来自人物品评。在比拟的方法上，无论是用自然景物比拟书画家的个人风格，还是以魏晋名士比况书风，都与人物品评的比拟方法有密切关系。至于品评的范畴上，人物品评所使用的"骨""筋""气""肌""血""风韵""自然""情致"等大量被挪用到书画品评，而《世说新语》中品人时所用的"清远雅正""温润恬和""高爽迈出""风格秀整"等语汇，于美术品评中也随处可见——实则中国绘画所谓"恬适""天真""古拙""清雅"等意境不过是一种治道之下的某种标准人品罢了。

三、"艺术独立"的设计伦理

当代"艺术独立"并不意味着"道德虚无"。清末，黄遵宪、梁启超等人倡导"诗界革命""文学革命"，倡导文艺与政教不分的杂文学观念向"纯文学观念"进化。五四时期，陈独秀更高张"学术独立""文学独立"的旗帜，他于1918年著文《随感录：学术独立》说：

> 中国学术不发达之最大原因，莫如学者自身不知学术独立之神圣。譬如文学自有其独立之价值也，而文学家自身不承认之，必欲攀附《六经》，妄称'文以载道'，'代圣贤立言'，以自贬抑。史学亦有其独立之价值也，而音乐家自身不承认之，必欲攀附《春秋》，着眼大义名分，甘以史学为伦理学之附属品……

陈氏此论当说切中了中国"伦理型"文化的要害。事实上，艺术在中国数千年来，就一直是作为弘扬伦理观的一种手段。兴成教化的艺术批评观在中国两千多年的文艺创作与批评中已经形成一种传统精神，根深蒂固。艺术被看成是"经国之大业，不朽之盛事"，这使中国艺术纳入到统治者的治国的方略之中，客观上有利于艺术的发展。另一方面，这种深厚的艺术伦理精神的积淀，使艺术家们不自觉地欲肩负起美化社会风俗之重任，将艺术创作看成是风化社会、教育大众、鉴戒贤愚的一种重要工具，而不是将艺术看成是仅供观赏的娱乐之物。

进入近现代后，适逢国家危难的特殊时期，艺术传统的教化作用倍加放大，例如鲁迅先生在1918年出版的著作《热风》中的《随感录四十三》中写道："我们所要求的美术家，是能引路的先觉，不是'公民团'的首领。"他要求文艺作品要达到使人民"自觉勇猛发扬精进"的目的。在先生的倡导下，中国的新兴木刻得到了很快的发展。

徐悲鸿1935年《对王少陵谈话》中说"艺术家既是革命家，救国不论用什么方式，苟能提高文化、改造社会，就充实国力了"。在徐悲鸿看来，艺术是救国与改造社会的一种方式，是"经国之大业"，这无疑是儒家艺术批评观在革命时代、战争时代，结合新的社会现实产生的一种流变。徐悲鸿的《徯我后》《田横五百士》油画作品，也都是借古喻今，通过油画中的人物形象来影响人们的爱国思想感情。

对新中国美术影响深远的是毛泽东1942年5月的《在延安文艺座谈会上的讲话》，"要使文艺很好地成为整个革命机器的一个组成部分，作为团结人民、教育人民、打击敌人、消灭敌人的有力的武器，帮助人民同心同德地和敌人作斗争"。在国家危难的特殊时期，该讲话精神激发产生了大批优秀作品。

然而，物极必反。当"文化大革命"在和平年代将畸形的政治功能与虚假的道德内涵不恰当地强加于艺术载体后，"崇高"作为某个理想的必然推演，作为一种社会文化的总体倾向，不但得到大力提倡，而且被大力推广，在文学艺术的各个领域，似乎不表现"高大全""红光亮"就不足以构成一种文化的积极向上价值。艺术作为一个体现创造性思维的活体，已然奄奄一息。

亢奋的激情被"文化大革命"自身所带来的一系列恶果粉碎后，崇高逐渐退出了审美文化舞台的前景，转而退缩到一个特定文化的有限领域。在先锋艺术和时尚流行中，"崇高"的被消解已是不争的事实。这种消解，是以领袖形象和"文革"题材进入创作开始的。一大批先锋艺术家不约而同地走上了以幽默的方式去解构对中国最具有影响力的对象和政治事件的"政治波普"的艺术创作道路，如龚加伟的《邀歌》《幸福时刻》、李山的《胭脂》系列、余友涵的《毛泽东》系列、王广义的《大批判》系列等。在李山的《胭脂》系列中，"伟大领袖"被反复地渲染着性感的味道。王广义的《大批判》系列则以一本正经的恶作剧形式模仿着革命阶级的"批判"，旨在清理"革命英雄主义"的人文热情。

可是，当"文化大革命"这种畸形的夸大艺术的教化功能的做法被批判之后，矫枉过正的人们又走向了否定所有道德约束的另一端，于是"道德虚无"被错误地理解成"艺术独立"的标志，一些带有悲观情绪毫无信念和责任心的艺术家，调侃亵渎神圣乃至糟蹋人格典范，我们看到的是艺术中的价值失落和道德危机，甚至颓废堕落。一些先锋艺术以一种忸怩的姿态俯就大众的"窥隐"欲与"暴露"欲之畸趣，据说还有某个伪先锋跑到美国大使馆门口以表演手淫的行为来"献祭"老美的畸趣，使国人蒙羞。更有甚者，发展为如《对伤害的迷恋》中所描述的的食人肉、玩尸体、虐杀动物等一系列所谓的"行为艺术"。艺术家应该是社会良知的代表，何以今天这些所谓的行为艺术家却成了消解价值体系的急先锋？诚然，我们可以打着"艺术独立"的旗号，暂不考虑艺术的社会功能，但行为艺术既称之为"艺术"，总还当有其内在审美价值。艺术归属于社会性而非技术性的范畴，不存在"与世界接轨"或是"走在世界前列"的问题，因此，我们大可不必与西方前卫艺术比狠、比残忍、比血腥、比明目张胆的虚伪和冷漠。艺术的终极目标当是使人类完善自己并获得健康的人格理想，而非挑战人性、道德与法律。

第三节　艺术设计伦理教育和职业规划

一、艺术设计专业人员的从业行为

作为一个设计师，我们到底需要具备什么，才能创造出丰厚的经济效益，为公司获得更多的利润，提升自己在业界的知名度？我们首先做到的也是比较容易做到的，就是提高我们的专业技能，提高审美艺术的造诣，提高绘图、操作电脑的水平，提高制版技术及加固工艺水平，从各个方面进一步巩固自己的实力水平。

优秀的设计师应具备哪些素质？做一个设计师难，做一个优秀的设计师更难，不是每个人都可称作优秀设计师的。要有敏锐的观察分析能力、系统的视觉整合能力，以及经过残酷的市场验证，在长期摸索之后，产生良好口碑和驾驭市场的能力，才能成为优秀的设计师。

第一，扎实美学基础。

要想从事设计这个职业，必须先学会发掘美的东西，眼光的提升了，再来进一步解决表现的方式。美院的基础教育基本上让想从事设计的人了解多元化的表现方式，也大大提升想学设计的人的造型能力，但是既使是美院的优等生往往也不能很好地完成一件令人满意的作品，这就取决于经验的磨炼。

第二，社会经验积累。

刚出道的设计师，内心充满憧憬，但是往往有机会上岗操作时又满脑空白，一点思绪都没有，或者表现的方式只往新、奇、怪的方向走，但是客户却不认可，究其原因在于设计的量少、表现方式有限、不是最有效的、跟客户沟通少难以全面理解客户所要的，最可怕的是一味追求形式感跟市场脱离，这就需要反思、分析、积累经验。

第三，激发创意思维。

客户是上帝，往往几年时间的磨炼使得一些设计师摸索出一套服务客户的有效方法，这就是我们俗称的套路模式。不过有上进心的设计师此时已经不能再满足于自己的狭小圈子，不论是证明自己还是让更大的客户眼前一亮，只能不断地激发自己的灵感和创意，这其实只是成为优秀设计师的开始阶段。多多磨炼自己的创意与市场尽快融合，这样让创意在经验中成长，从而丰富自己、活跃自己的思维。激发创意的最好方法就是行动起来。

第四，寻求个性再现。

唯命是从的设计师是没有个性的。要想成为优秀的设计师就必须在自己的作品中流露出一种个性，不论是张扬的、含蓄的、色彩绚丽的等等，都是个性的表现方式，这就是设计师标新立异的开始，与众不同必会让你的作品在别人眼前产生亮点，让别人发觉你的作品，承认你的价值。这样子你的设计师道路刚刚入门。

第五，创造完美价值。

好的设计师必须学会创造价值，这种价值一方面是自身的价值，不要永远做一些基础工作，必须提升到一定的高度想问题。这时的设计师就应该学会玩材料、效果，在客户充分信任下支配成本费用，这时的作品应该是一种玩的心境，在心情完全放松的前提下你会发现你的作品的随意性和超脱性，并且在市场上赞声迭起。

第六，提升综合能力。

设计的过程往往到达一定的时期就会有新的瓶颈出现，这就需要用更多的知识来突破自己。知识的积累必须是能够理性地吸收新的知识和文化，千万不要排除任何一种极端文化（如宗教、迷信、艳情、市井等等），通过设计师的理性理解转换成的设计语往往会把其优点提炼成艺术符号。建议多读杂书，研习艺术理论，理性地分析，要知道任何一种文化的存在都有它的道理。

第七，策划先于设计。

想成为一个优秀的设计师仅有良好的设计基础和丰富的学识是不够的，必须学会合理调度、运用各种元素，这样就必须在设计之前先预估设计的结果，包括市场的反响、效益、连带关系、后续进展等。好的设计师必须能驾驭市场、引导市场、开发市场，这样就必须以很好的策划思想为前提，并且在市场的运作中调整策划方向，使得设计出来的作品对于客户是最有效的营销武器，帮客户赚钱才是硬道理。

第八，掌握时代技术。

设计的行业是最时尚的行业，它融合目前全世界最精端的设备和软件，集合全世界最新的信息科技，在这网络高速发达的社会，其任何对设计有关的技术、设备、信息设计师都必须了解善用，运用最有效的武器装备自己，集中最新的信息丰富自己，跟紧时代变幻步伐，方能使自己立于不败之地。

第九，证明自己的能力。

在自己羽翼逐渐丰满起来的时候，就应当证明自己的真正实力，多参加一些大型的策划、设计项目，多参加一些国内国际比赛，多与行内精英交流，多用别人的作品反思自己的不足，与高

手过招，往往更能知道自己的弱点，这个时候的目标就是超越
自己。

第十，道德唯一标准。

任何一个设计师不论置身何处，其口碑最重要，良好的修
养直接可以反映在作品上，好的作品和艺术品位只有一步之遥，
要想得到别人的尊重首先就必须磨灭年轻的轻浮，在道德的约
束下，才能提升艺术品位，因此成为优秀设计师必须学会以德
服人。

二、设计伦理与设计的目的、本质及原则的关系与分析

理学的基本内容伦理学是一门以道德为研究对象的科学，是
道德思想、道德观点的系统化、理论化。迄今为止，我们无法对
伦理学下一个确切的定义。伦理学要研究的问题很多，并且是复
杂的、多方面的。

其中最基本的问题就是利益和道德的关系问题。主要探讨人
们的物质利益和道德的关系问题以及人们之间的利益关系问题，
关注人们对于真、善、美的追求。

中国伦理思想的一个传统特色，是它一开始就和政治、哲学
思想紧密结合在一起，宋明以后，理学家们更是力图把哲学和伦
理学融为一体，使哲学成为道德哲学。在2000多年的封建社会
里，以儒家为代表的封建地主阶级的伦理思想体系，一直居于统
治地位，成为以维护宗法等级制度为最终目的的、具有民族特色
的伦理思想传统。其中最重要的是道德与经济利益、物质生活的
关系、个人利益与整体利益的关系问题。

艺术设计伦理学以道德现象为研究对象，不仅包括道德意识现象（如个人的道德情感等），而且包括道德活动现象（如道德行为等）以及道德规范现象等。伦理学将道德现象从人类的实际活动中抽分开来，探讨道德的本质、起源和发展、道德水平同物质生活水平之间的关系、道德的最高原则和道德评价的标准、道德规范体系、道德的教育和修养、人生的意义、人的价值、生活态度等问题。

中国是世界上文明发达最早的国家之一，它以"文明古国"和"礼仪之邦"著称于世，有着极为丰富的伦理思想遗产。实际上，道德责任是贯穿于艺术活动的各个环节的，因而创作伦理、批评伦理、艺术传播伦理都应该是艺术伦理学研究的内容。其中艺术创作作为艺术活动的最基础部分，其道德问题直接影响艺术的传播与批评活动，而艺术批评反过来又影响和促进艺术创作和艺术传播。因而在对艺术批评伦理、创作伦理、传播伦理的研究中，应该注重它们之间的相互区别与联系，避免将三者割裂开来进行单独的研究。①

设计的本体对设计存在的反思，是对设计的意义和价值的领悟与揭示。设计不仅仅是一个思维形式的物化过程，更牵涉到人们生活的方方面面，如衣食住行、宗教伦理等众多领域。人类如何设计和如何思考设计，如何反思设计给社会生活带来的影响，如何以战略性的眼光去思考未来的设计发展，构成了当今物质性文化的实践性行为和人文社会科学思考的重要课题。

美国设计理论家维克多·巴巴纳克（Victor Papanek），在 20

① 王小琴：《中国艺术伦理研究述评与展望》，《道德与文明》2010 年第 2 期，第 33—34 页。

世纪 60 年代末出版了《为真实世界而设计》（*Design for theReal World*）一书，该书专注于设计师面临的人类需求的最紧迫的问题，强调设计师的社会及伦理价值。他认为，设计的最大作用并不是创造商业价值，也不是包装和风格方面的竞争，而是创造一种适当的社会变革过程中的元素。首次提出设计的伦理观念，他认为设计的意义不应仅仅是为满足眼前的功能、形式目的服务，设计更主要的意义在于设计本身具有形成社会体系的因素。

三、艺术伦理精神可持续发展

建立艺术与社会发展的健康关系必须倡导艺术伦理精神"个人和社会生活的保存和发展是至善，是人类的目的"。生殖崇拜于原始文明来说，乃是有着生存价值的，因此乃是至善。

以宗法血缘关系为纽带的中国封建伦理系统的产生和发展主要是因为氏族社会的解体在我国完成得很不充分，氏族社会的宗法制度及其意识形态的残余大量积淀下来。一种扩大化的泛家族伦理精神随着家族体制的巩固而延伸到社会和国家的各个领域，成为统治家族成员乃至整个社会意识形态的支柱。因此，艺术在这个阶段作为弘扬伦理观的手段，其实质乃是中央集权的农业宗法专制政治与相应的伦理文化统一的结果。艺术于伦理的这种关系于中国这个阶段的文明来说就是至善。

在当代社会，尽管伦理的概念更为宽泛，但个人和社会生活的保存和发展仍然是伦理的底线。然而，遗憾的是当代艺术在较多地关注个人发展的同时却较少地考虑社会的可持续健康发展。姑且不论那些调侃亵渎神圣乃至糟蹋人格典范的艺术，以及那些刻意模糊公共话语和私人话语界线的艺术带来的价值失落和道德危机，更遑论那些打着艺术旗号的颓废堕落的伪行为艺术对社会伦理的明显亵渎与伤害以及混淆视听带来的恶劣后果，单言大众生活中熟视无睹的设计艺术，就很有进行伦理再思考的必要。

在我国传统手工艺时期，一件完整的手工艺品所传承的不仅仅是形式上的完整无缺、工艺上的精巧得当、材料上的匠心独运与功能上的充分合理，同时还传承着一种价值观与伦理，所谓"藏礼于器""文物昭德"是也。进入现代社会后，这种基于宗法伦理精神的"文物昭德"式设计伦理精神被彻底抛弃，我国的现代设计艺术在其发展过程中普遍地强调设计的科学属性、商业属性。如果从设计艺术是为优良的工业化产品的生产与消费服务的实用艺术这一定义出发，这种强调显然无可厚非。可是，单纯的形式效率与市场效益并非设计艺术的终极目标，设计艺术的终极目标乃是提高整个人类的生存方式的质量。因此，仅仅只强调设计艺术的科学性、商业性，显然是一种缺乏前瞻性的短视行为。我们有必要在当今的设计艺术中引入进步的伦理内涵，即设计行为的社会责任。

比如说一次性产品的设计，如果人们将产品设计的伦理准则仅仅定位于微观层次上的"对消费者负责"这一标准，那么这些设计是合理的，但是如果从宏观伦理来看，从一个社会发展的整体利益的角度来加以反省的话，其设计的合理性、伦理性便立刻表现出悖论。一次性产品是以方便使用、物美价廉为宣传口号的，但实际上这种"功能"的后面却是大量的物质浪费，它使得人类对于资源的消耗被鼓励到超出正常标准的地步，同时带来系列不可逆的环境污染问题。

再比如过分的功能设计所带来的伦理问题。所谓过分的功能设计指那种全然或几乎缺乏任何实际意义的功能设计。每当某产品被设计出进一步"臻于完美"的功能时，时尚流行就通过广告制造的消费偶像来诱使消费者"更新换代"，而普通消费者就像童话中那头鼻子上被绑上了香蕉的驴子，无论他如何努力地奔跑追逐时尚，时尚总那样可望而不可即。于是，在物欲被极大地诱惑和鼓励的同时，"分期付款（信贷）"作为一种被鼓励的消费方式出现了："基于节省、算计、禁欲、节制的旧的禁欲主义和道德积累，已经让位于一个享乐主义的道德，后一种道德是建立在信贷、花费和享乐的基础上。"① 实质上，信贷是将未来"非未来化"了。通过信贷，人们现在就可以拥有自己在中年或老年时才拥有的东西，或是一生都不可能拥有的东西。而另一方面，借贷者总是用明天还债的义务换来今天的幸福，其结果是：不仅造成了价值的失落（更准确地说，是价值现实的失落：由于对它的膨胀式使用，使之变成令人怀疑的），而且创造出一个真正"没有未来"的社会。人们对于未来不再有任何承诺，留给未来的只有债务。未来成为一个预料中的被抵押出去的未来，对个人来说，这种抵押被眼前的幸福和快乐抵消了，而对社会来说，则是由它导致的表面上的社会稳定和秩序抵消了。信贷生活的必然结果之一，是使大众愈发变成急功近利的、总是怀着"救急心态"（挖东墙补西墙）生活的人。大部分人因"救急"而敷衍其应尽的职责，个别人因"救急"的需要铤而走险。这必然导致社会整体道德水平的滑坡。

毋庸赘言，我们已能明白为何在当今的设计艺术中仍有必要引进某种伦理精神。有别于传统伦理，设计艺术中的伦理精神是一种指向未来的责任伦理。它将关注的焦点从现实的、短暂的行

① 吉志鹏：《消费文化对身体的建构》，载《学术交流》2009 年第 5 期。

为因果关系更宏观地指向了关系着未来发展的因果关系，它不仅强调行为与行为后果之间自然形成的"形式责任"关系，更强调对未来的发展负有保护责任的"实质责任"关系。即"它要求人类不仅对自己负责，对周围的人负责，还要对子孙万代负责，不但要求人负责，还要对自然界负责，对其他生物负责，对地球负责"。

艺术发展到今天，我仍然倡导艺术中一种伦理精神，这种伦理精神的内涵，指在艺术中不仅要保持正确的审美价值判断，还应在责任伦理范畴内建立艺术与社会发展的健康关系。这种伦理精神的贯彻将有助于艺术的终极目标——使人类完善自己并获得健康的人格理想和社会的可持续发展——的实现。

综上所述，中国艺术伦理精神有着优良的传统，中国是一个特别注重艺术与伦理、艺术与道德、艺术与教化作用的国家，我们一方面要借鉴中国传统艺术伦理的精华部分，同时也要反思中国古代和现当代艺术伦理方面的某些片面性或失误。今天我们建立艺术伦理学学科，可以将中国艺术伦理精神系统化，也可以借鉴当代伦理学中的有关理论帮助我们建立和完善艺术伦理学学科，推进中国艺术伦理学的发展。

四、艺术设计伦理学对人类生存的终极关怀

伦理学也通过设计展示了它对人类生存在终极关怀设计的意义在于为人类的生活世界和意义世界创造出更美好的东西。当今时代，电子、通信、信息、科技、经济等技术迅猛发展，人们的生活方式、价值观念正在发生翻天覆地的变化，设计艺术的发展也一样经历着各种变革。物欲横流的当今社会，使设计更加充满物质化、商业化的气息。各种奢侈品的过度设计不得不使我们重新审视设计的价值取向，对设计伦理学进一步探讨。

面对现代社会中极其普遍的人们道德感、归属感的丧失和个人扭曲、非理性的追捧欲膨胀，设计师担任着时代所赋予的重任，重新定位设计艺术中人与人、人与物、人与环境的关系，发展可持续设计。关注社会道德问题，强调人文精神和人文关怀，更多关注残障人士、孕妇、儿童老人、低收入者等弱势群体，使设计真正走向"以人为本"，从而使人、机、环境和谐发展。在对弱势群体设计方面，瑞典人机设计小组取得了举世瞩目的成就，这个小组共有 14 名成员，成立于 20 世纪 60 年代末，是一个从事工作环境、残疾人用品及医院设施研究和设计的组织。人机设计小组特别关注设计中的生理与心理因素。在设计过程中，设计师要花费大量时间进行调查研究。所有设计都要制成足尺模型进行人机关系的精密测试，并采用摄影等手段对工作过程和动作进行分析。其设计关注弱势群体生活所涉及的方方面面。由于精心的设计，这类产品也能为健全的人使用，因而销路很广。

基于伦理学研究的基本内容可以看出，设计伦理学就是以最大限度地为人类规划舒适合理的生产生活空间为目的。

第五章　艺术设计市场的伦理建设

第一节　中国艺术设计市场的发展现状及特点

中国现代艺术市场的运作模式是以西方艺术市场作为参照的。西方艺术市场数百年的发展日臻成熟并积累了丰富的经验，这对于正处于现代艺术市场初级阶段的中国有许多值得借鉴和学习的地方。在知识经济时代，经济全球一体化的时代背景下，加强国与国之间的经济、文化交流与合作是大家必须面对的课题。综上所述，我们可以得出这样的启示：古今中外，文化繁荣与市场交易兴盛的时代，无不是经济活跃和贸易额扩大的鼎盛时期，经济的繁荣促进了艺术市场的蓬勃发展。

如果以西方国家艺术市场作参照，中国现代艺术市场肇始于清末。1874年英国在上海开设了一家远东子公司即鲁意斯摩拍卖公司，开展拍卖业务。此后，光绪二十六年（1900），充当文化掮客的上海朵云轩成立，这一位于上海河南路的笺扇号已具有西方画廊的性质。这些现象都标志中国艺术市场已进入一个新的发展阶段。由于屡受强国侵略、战乱纷扰，中国艺术市场的发展步履维艰，几近中断。我国真正意义上的现代艺术市场的启动，艺术品商品化，艺术品交易市场化及职业画家的出现，是在20

世纪 80 年代末至 90 年代初期。纵观中国近 40 余年艺术市场的发展历程，大致可以分为如下几个阶段。

一、过渡期。时间是 1980 年至 1990 年，该阶段艺术市场的规模狭小，经营单位按计划经济模式经营，在性质上该阶段属于计划经济向市场经济转型的一个过渡时期。

二、急速发展期。20 世纪后期艺术市场经十年的酝酿至 1991 年开始发生巨大变化。这一时期市场规模急剧扩大，供需激增，光画廊就有三四千家，跳蚤市场更是难以计数，其繁荣维持到 1996 年，这是中国艺术市场在长期压抑之后的第一个急速发展期。

三、调整期。中国艺术市场发展至 1997 年，因先天不足，管理和操作不规范，乱象丛生，画廊锐减，1996 年之前的市场火热开始急剧降温，直到 2003 年，艺术市场才转暖回升。

四、平稳发展期。2003 年至今的中国艺术市场开始进入一个稳定发展期，市场在稳定中整体趋于迅速地高涨，这个时期艺术市场进入全面建构阶段。这一阶段的市场建构包括制度建构、信誉建构、法律建构。中国艺术品市场宏观趋势探讨建构，发展战略的建构以及服务机制的建构等。市场结构初步成形，艺术市场进入稳定规范的轨道，并快速发展。在发展中调整，在调整中发展，这是中国艺术市场走向成熟的一个关键阶段。

第二节　影响中国艺术市场发展的环境因素

生态学认为，生物的生存条件以及生物与其环境之间是相互联系的，经济现象与其环境的关系也是如此。作为一种经济现象，中国艺术市场从悄然而生发展成为一个气势浩大、日新月异的新领域，离不开其土壤、肥料、温度、水分等环境因素的合成。有效利用这些条件，进而不断改善生态环境，对中国艺术市场的茁壮成长十分必要。下面我试从三个方面分析影响中国艺术市场发展的生态环境因素及现状。

一、政治环境——中国艺术市场发展的保证

和平与发展是当今国际社会的时代主题。经济发展史清楚表明，一个国家经济贸易的发展与国际国内政治环境之间存在着紧密的关系。政治环境健康稳定的时期，往往就是经济繁荣社会蓬勃发展的时期，政治环境动荡不安特别是战乱时期，就会经济停滞，社会混乱。因此，安定团结的国际国内政治环境是经济繁荣、社会发展的前提条件。中国正处于一个政治稳定、经济繁荣、社会各方面上升的历史时期，稳定的政治环境为经济的快速发展和社会的和谐发展提供了根本的保障。在和平时代，谁拥有了经济和文化的主导权就在国际社会占据有利的地位。各个国家都纷纷把注意力放在发展本国经济和文化的事业上来。我国积极发展文化产业和促进文化事业的发展，同国家大力发展社会主义文化、繁荣社会主义精神文明的文化建设战略是一脉相承的。

由此可见，当前文化艺术产业的发展正受到前所未有的重视。我国为了推动本国经济的迅速发展，提升自己的综合国力，制定了一系列支持和促进经济发展的方针政策。特别是在市场经济条件下为了推动中国艺术品市场的发展，制定了有关的法律法规，采取了相应的措施。所有这些国家政策导向成为中国艺术市

场发展的根本保障，为文化艺术产业的发展提供了良好的机遇和平台。

政府鼓励的文化企业包括：艺术品的销售、文化艺术经济企业、文化艺术展览企业。当前国家对艺术品市场的行政管理也正在调整，简化了行政审批，方便了市场的主体经营者。国家先后取消了美术品经营机构的审批，外商投资艺术品拍卖单位及国内展览比赛的审批。这一举措的直接结果为多元主体的市场竞争和市场的自由发展创造了良好的外部环境。这些法规政策的制定，对于改善文化艺术产业投资环境，加强文化艺术市场管理，满足多样化、个性化的文化艺术消费，对带动内需，促进国家综合国力的提高具有重要的作用。

二、经济环境——中国艺术市场发展的基础

商品市场作为集中商品交易的场所，它的前提是："要有生产者提供货物，有消费者购买货物，即供求关系的建立。经济环境的变化将直接影响到买方和卖方，也会影响到双方供求关系的形成，同时经济环境的质量状况也必须影响到市场的运行。"[1] 经济的发展是艺术市场形成的前提和发展的基础。具体地说，经济的发展表现为两个方面，一是生产效率的提高，其结果是人们的休闲时间相对延长，这就使公众有更多的闲暇去关注艺术品；二是收入水平的提高，这为艺术品消品提供经济上的保障，收入水平越高的社会对艺术产品的消费需求就越高，消费量也就越大。

---

[1] 白志良：《中国艺术品市场研究》，世界知识出版社 2003 年版，第 92 页。

1. 我国人均 GDP 增长速度很快，将保持高增长的趋势。人均 GDP 表明一个国家（地区）的经济发展水平富裕程度，经济学界一般把人均 GDP 作为划分经济发展阶段的重要指标。按国际通行的说法，一个国家艺术市场的启动条件是人均 GDP 应达到 1000—2000 美元，而人均 GDP 达到 8000 美元时，大众才有可能大规模地形成对艺术品收藏的条件，艺术市场也随之形成和快速发展起来。以中国台湾地区为例，20 世纪 70 年代后期，台湾人均 GDP 达 3000—4000 美元时，大众艺术市场初步形成，城市出现大量专业画廊。1993 年，人均 GDP 上升到 8000 美元时，台湾的画廊从 70 多家增加到 300 多家，这是台湾艺术市场飞速上升时期。2003 年，中国大陆人均 GDP 突破了 1000 美元，社会消费结构向发展型、享受型升级。一些大城市及经济发达地区早已达到更高水平，如广州人均 GDP 在 2003 年和 2004 年分别达到 5800 美元和 6800 美元，整个珠三角地区人均 GDP 达到 4499 美元[①]。按照国际艺术市场的发展规律来看，目前中国大陆的艺术市场状况很像 20 世纪 50 年代的台湾地区，中国大陆的艺术市场目前正处于启动时期，并会随着经济的高速发展变得更为成熟和繁荣。

2. 恩格尔系数是国际上衡量生活质量的一项综合指标，是指食品消费支出占家庭消费总支出的比重。联合国粮农组织曾提出一个以恩格尔系数判定生活发展阶段的标准：60% 以上为贫困，50% 至 60% 为温饱，40% 至 50% 为小康，30% 至 40% 为富裕，30% 以下为最富裕。我国城镇居民的恩格尔系数从 1978 年的 57.5% 下降到 2004 年的 37.7%。数据显示，1978 年至 2003 年，北京城镇居民生活恩格尔系数从 1978 年的 62.9% 下降到

---

① 赵艳婷：《艺术市场发展状况之间的关系》，载《美术观察》2005 年第 11 期。

2003 年的 31.7%，城镇居民步入富裕生活阶段。2002 年，上海的恩格尔系数也跌破了 40%。公众在消费方面表现为更加注重对生活质量的追求，消费行为也从对廉价品、耐用品的追求向舒适品、奢侈品和多样化、个性化消费的方向转变。人们在满足了生活最基本需要后，更加注重精神文化的消费。消费者的消费需求进而成为拉动艺术市场发展的内在动力。

3. 我国中产阶层群体的扩大，成为艺术品消费的中坚。"中产阶级"指的是这样一个群体：除了经济收入比较殷实外，还具有受教育程度较高、讲文明、重诚信、遵纪守法的特点。中产阶级不仅是现代社会稳定重要的因素，也成为社会消费动力与消费文化的主流角色，其高水准的整体购买力与艺术审美能力是形成艺术品市场的强大动力。1993 年以后，中产阶级才在中国真正形成，目前中国中产阶级群体急剧增长。中国中产阶级主要由五种类型的人组成：一是白领阶层；二是中小规模企业的企业主；三是一定层次的政府官员；四是专业人士；五是影视制作人、编辑、记者、专业撰稿人等新型文化人。在中国艺术市场购藏艺术品的主流人群正是这个群体，他们逐渐成为艺术市场的中坚力量。①

三、文化环境——中国艺术市场发展的推动力

1. 文化与经济的关系历来是相互影响、互为联系又彼此制约的有机系统。无论是经济发展还是文化的推进，都不可能脱离另一方

① 赵艳婷：《艺术市场与经济发展状况之间的关系》，载《美术观察》2005 年第 11 期。

而独立进行。市场条件下，经济与文化的关系更加密切，且愈加不可分离。可以说，市场经济越发达，经济活动的文化含量就越大，文化因素几乎渗透了经济活动的全过程。无论是经济产品的生产、运输、交换、分配，还是设计、策划等环节，到处体现出经济与文化在相互渗透的过程中，突出呈现出的互动效应。其中前者为后者的坚实基础，后着为前者提供正确的方向和思路，而经济与文化正是在互动效应中相互作用并共同发展的。[①] 随着中国社会主义市场经济的不断成熟，文化在经济领域的作用与价值已经引起了广泛重视，无论是理论界还是企业界，在研究与探索经济发展的必由之路时，都更多地关注到企业文化、文化力的存在与作用。

进入 20 世纪 90 年代以来，党和政府明确提出建立社会主义市场经济体制，大力发展文化产业。随着社会物质产品的日益丰富，带动经济发展的文化、知识、信息、科技等因素势必具有愈加重要的决定性作用，而文化作为日益强大的产业结构将成为整个国民经济至关重要的产业。艺术市场作为文化产业的重要组成部分，因其相对比较灵活的组织和运作方式、资金和市场的充分流动性、艺术品又兼具保值增值功能等特点，对经济环境的良性发展起到了重要的促进作用。在社会主义市场经济的大环境中，艺术市场的启动、发育和完善已经成为时代的必然。

2. 当知识经济时代已经向我们走来的今天，文化的因素更是在经济领域的各个角落普遍存在，无论是在生产、管理、营销，还是运输、通信、分配等任何经济活动的环节，都渗透着文化的气息。对于艺术市场而言，文化环境对艺术市场的培育起着重要的作用。我国许多高等院校开设了美术专业，近几年美术专业已

---

① 白志良：《中国艺术品市场报告》，世界知识出版社 2003 年版。

成为热门专业，报考美术专业的考生每年几十万甚至上百万人，这推动了国民艺术教育的逐步普及，为艺术市场的发展储备了有生力量。中央电视总台和各地方电视台艺术投资类节目的热播，收视率直线上升；许多艺术家精美的画册、收藏类图书报刊和都市报纸收藏版开始走俏，供不应求；互联网、嘉德在线、雅昌艺术网等25万多个与艺术投资有关的中文网站，成为人们进行艺术品投资便捷的交易方式；全国各地艺术市场的形成和发展，如北京的古玩城、潘家园、琉璃厂等；群众自发组织各种民间收藏团体，组建美术馆、展览馆等；全国各地的画廊、画店蜂拥而起；各地书画展览空前火热；艺术品的鉴赏、培训、讲座的举办；遍及全国的收藏组织、国有博物馆、美术馆和私立美术馆举办的各种活动所产生的社会效应，等等。这一切都为普及艺术知识、培育艺术市场、壮大艺术消费群体做出了贡献，而且将继续进一步发展，从而有利地推动艺术市场的蓬勃发展。

第三节　中国艺术市场存在的主要问题

一、"三假"严重，鉴定体系缺失

艺术市场关于赝品的问题，通常称的"三假"是指造假、售假、拍假。一是名人字画造假之风盛行，不仅造假手段层出不穷，且有向高科技、区域集团化和产销一体化合而为一的趋势。二是售假经营的公开化和网络化，销售假字画在当今的艺术市场是非常普遍。一个画家的作品在拍卖市场走红，似乎一夜之间在艺术品市场就出现该画家众多的作品。三是拍卖公司拍假，国内一些拍卖公司受巨额利润的刺激，对赝品熟视无睹或知假拍假，甚至有的拍卖公司与卖家暗地勾结拍假，从中分红。拍卖公司对于拍品的真伪不做担保，是国际文物艺术品拍卖行业通用的"霸王条款"。

"三假"问题突出，一个重要的因素是全国艺术品鉴定体系的缺失。现在拍卖公司的拍品鉴定，一般是拍卖公司自己的专家鉴定或请其他机构的专业人士鉴定，没有形成多层次、科学化的全国艺术品鉴定体系，以致艺术品市场赝品泛滥。

二、监管力度不足

利益驱使，投机取巧，造假作伪，暗箱操作，盲目炒作之风盛行。有人把炒作房地产股票投资的技巧也用到艺术品拍卖上，一些三四流的画家的作品动辄卖到几十万元数百万元并不鲜见。艺术作品的价格并不总是和它的艺术价值成正比，其中有一些外在因素起着相当大的作用。拍卖公司数量剧增，经营不规范。有的拍卖企业在激烈的行业竞争中，采取一些不正当手段以获取短期利益。如采取找"托儿"上拍哄抬价格，拍前串通、控制成交价；拍卖师与买家串通一气；拍卖师与卖主或"虫儿"们恶意串通。加之媒体推波助澜、投资者的追风，造成了艺术品拍卖市场交易的混乱，制造了大量的市场泡沫，制约了艺术品市场健康持续的发展。

造成这种状况的原因：其一，艺术市场的监管力度不够。由于艺术市场的法律法规不完善，执行部门职责不分明，管理不到位，以致艺术市场的经营交易无序运作，交易混乱。其二，尚未建立公平机制。有的行业部门利用职权对某些公司机构给予政策优惠，面对其他公司进行限制，造成艺术市场不正当竞争，以致很多公司过分注重宣传手段，却忽视内部环境的改善，造成管理手段和服务质量上不去。

三、艺术品终端消费者缺失

艺术市场投机现象严重。市场的繁荣最终是以终端消费量为基础的，而我国艺术市场所缺乏的，正是艺术品的终端消费群体。我国艺术品收藏或投资群体，没有达到与艺术市场相匹配的数量和规模。目前艺术品的消费多是企业者和投资者。造成这种现状的原因是多方面的。首先，没有普及艺术教育形成相对多数的艺术爱好者，目前公众的审美素质和艺术品意识有待提高。其次是民众的低收入水平现状，使艺术品的消费对于普通家庭的承受能力还有一定难度。中国艺术品市场十分火爆，由于艺术品投资的高回报率，而其他投资领域长期低迷，从而吸引了大量来自海内外的收藏家、企业家，也吸引了大量投机资本的介入，过度的投机运作给艺术市场带来了大量的泡沫，造成市场假象，进而影响市场秩序。

四、艺术市场结构不合理，市场错位现象突出

参照国际艺术市场，国际艺术市场按质量和资金规模来计算和划分，画廊业是艺术品投资市场的主力。但是中国的画廊在运营机制上（一是经营的理念与模式，二是代理画家的问题）与西方画廊有相当大的差异性。西方画廊普遍采用的是代理制，中国大陆的画廊主要采用的是经纪人模式，代销艺术家的部分

作品。国内画廊和其他艺术品经营机构，真正与艺术家和藏家建立代理关系的很少。艺术品价值的大幅波动是因为缺乏一级市场的培育，使艺术资源逐渐稀缺。一级市场的发展不足也将直接影响中国艺术品市场与国际接轨和当代艺术家的国际地位。目前国内的真实情况是：二级市场的拍卖行十分火爆，而画廊和艺术博览会人气则相对冷清，在我国占绝对大水平的资金，直接进入艺术品拍卖市场。国内的艺术家受传统市场观念和国内艺术市场的实际情况的影响，似乎更愿意直接出售自己的作品，这样可以免除艺术中介机构的费用和上缴国家的税收。一些三四流的艺术家跳过一级市场千方百计想直接挤进二级市场。这些不规范的交易形式破坏了正常的市场秩序和游戏规则，阻碍了艺术市场的健康发展，最终也伤害了艺术家。一级市场不发达，不利于推出艺术新人，也不利于二级市场的发展。拍卖业市场的一枝独秀这样拔苗助长的市场行为终非长远之计。画廊、拍卖行和画家之间应建立起合理合作的关系，共同推动艺术市场的健康持续发展。

五、中国艺术市场国际化因素的欠缺

在我国，艺术品被列入第二十一类进口商品，与奢侈品列入同一类。与我国签订优惠贸易国的国家，艺术品原件的进口税率为12%，复制品的税率为14%，没有与我国签订优惠贸易协定的国家，艺术品进口税率为50%。如果在国内出售还要缴纳17%的增值税，也就是说，如果从海外来的艺术品在国内完成所有交易环节，最少要缴纳29%—67%的税费，而有些国家艺术品的交易是零税收。这不仅不利于文化艺术的交流与发展，也不利于艺术品市场的培育。在我国还没有出台购买、捐赠艺术品减税抵税的政策，而一些国家的政策已实行多年。此政策的出台，有利于企业投资结构的调整和艺术品市场的蓬勃发展。中国还没有出现有规模的艺术基金投资艺术品收藏，而一些国家艺术基金对于艺术品收藏市场的发展起到重要的推动作用。这些都是中国艺术品市场国际化因素有所欠缺的表现，随着2006年中国加入WTO过渡期结束，中国国门的进一步打开，中国艺术市场的"国际化"道路将成为必然趋势。

六、艺术市场人才的缺乏

目前我国艺术市场快速发展，而艺术市场专业人才相对缺乏。艺术品经营是一项专业性很强的行业，专业人才的缺乏成为艺术品经营企业发展的瓶颈。目前艺术品市场从业人员专业素质整体不高，有的拍卖公司的拍卖师、鉴定师水准偏低并严重地影响艺术品价值的判断，造成艺术珍品外流、拍品鱼目混珠的情况时有发生。因为企业盲目上马，专业人士缺乏，操作不规范，在激烈的行业竞争中不能为顾客提供优质的服务，树立良好的企业形象，顾客对公司缺乏信任而被淘汰出局。造成这种现象的原因之一是国内艺术品市场运行时间短、经验不足，尚未形成系列完整的人才培养机制，艺术市场专业人士缺乏。此外行业制度奖励不明、管理不善等现象都使专业人才流失严重。在快速发展的艺术市场，投资队伍也迅速扩大。但大多数投资者对艺术品和艺术市场缺乏专业知识，投资带有很大的投机性而极具投资风险，同时也给艺术市场带来了风险，不利于艺术市场的健康发展。

第四节　艺术设计市场道德标准与艺术的道德困境

一、批判性的缺失

尽管社会的伦理道德在一定情况下会制约、压抑乃至束缚艺术，使艺术的发展在道德标准的压迫之下缓慢进行，但是这种情况也并非绝对，适当时机的道德标准对特定时期的艺术也会有一定的促进、规范作用。

中国当代艺术在道德方面仍旧存在着诸多的缺失和问题，并且我们需建立现代的艺术道德观，同时针对缺失之处，需尽快加强道德自律建设，以便使中国当代之艺术发展朝着更加积极、更加健康的方向发展。

中国的当代艺术严重缺乏着知识分子的一种社会责任感，一种艺术的批判性。这或许还有很长的路程要走。

二、恒久性的缺失

当代艺术院的这些院士，不论是否在此之前就丧失了他们的艺术价值，还是成为院士之后即将丧失他们的艺术力量，不可否认的是，他们缺乏恒久性，缺乏恒久的批判性、缺乏恒久的前卫性。在此，"恒久"一词，不是永远、永恒的意思，而是持之以恒、坚持到底的意思。考察中国当代艺术这几十年来的发展演变，考察艺术界这些年来的一些风云人物的艺术历程，可以看出中国当代艺术中所谓成功艺术家一步步走向辉煌的模式，暂称其为坠落的模式。这个模式分阶段来展现，第一阶段：艺术家苦苦挣扎于主流之外，在

"地下"默默地为自己的艺术而奋斗，以反主流的前卫精神和批判性相标榜；第二阶段：艺术家从地下翻身走到地上，在商业和市场的利益驱使下，迎合画廊、迎合市场，变为市场上的风光大款，由此而丧失了前卫的批判精神，变得趋炎附势、墨守成规、俗不可耐；第三阶段：其中部分艺术家再摇身一变而成为政府专聘的"院士"，以既得利益者的身份，以终于被政府重视的姿态来炫耀资本，为下一步的"政协委员"而努力，在这种状态下，是否还能前卫，是否还能具有批判性的姿态，结果也就可想而知了。

三、抄袭性的存在

艺术的标准是建立在西方文化立场上的，所有的现代的、后现代的艺术游戏规则都是按照这个"标准"来制定的。要想取得别人的认同，就必须按照西方的文化立场所制定的规则去运作。因此，西方在窥视中国当代艺术时，天平上的标准是朝着持有话语权的那一方滑动的。而中国的艺术家和评论家在运作国际展览的时候也往往处于被动的境地，也不得不承认西方的游戏规则。标准是别人的，抄袭、模仿、移植也就在所难免。标准是西方游戏规则与西方文化的话语权，尽管有的艺术评论家不愿意承认这一点，但是其实在实际参展、选择作品的时候，别人不接受他自身不认可的作品，使得中国的艺术家们有很多的无奈。

四、真实性的缺失

1. 艺术家独立性的缺失

中国当代艺术家中，有一半以上的人员在高校、研究院中兼有职位，只有部分艺术家为纯粹的职业艺术家。我们绝不排除在当代艺术家当中，非纯粹的艺术家不能做一个优秀的艺术家，但是当代艺术的批判性精神必然要求当代艺术家要保持独立的、不屈服、自由的知识分子的独立性，萨义德在他的《知识分子论》中，对于知识分子的独立性就写得很清楚："独立、自主的知识分子，不依赖、因而不受制于他或她所附属的机构的知识分子，是不是或可不可能存在。"① 一个知识分子，至少应该具备知识所赋予他的鉴别真伪和评判是非的能力。自然，对于艺术家来说，他的优势、他的长处，正是他在艺术上敢于反对任何成见、抵制一切俗流的独立意志。一个国家的艺术水平，取决于它拥有什么样的一批艺术家。如果我们没有一批——或者至少几个——像卢奥这样的艺术家，我们的艺术还有没有希望？

2. 艺术作品本身的真实性的缺失

中国当代艺术家们其中相当大的一部分都在走市场路线。不否认好的艺术作品会走入市场，会成为市场的佼佼者。但是至少可以肯定，靠卖作品赚钱肯定不能成为一个优秀的当代艺术家。今天，资本意志事实上操纵着艺术意志，肉体的人脱离不了物质享受的虚荣心。为了满足市场的需求，卖作品，就势必在创作作品的时候要考虑到作品的卖相，甚至可能为了市场的销售，需要忙于不断复制自己的艺术，创新探索的脚步可能就此停顿，自我的艺术潜力可能也就得不到更深的开发，创作作品时还要考虑着市场，其实和"艺术"已经没有太大关系了。

---

① ［美］萨义德：《知识分子论》：生活・读书・新知三联书店2002年版，第7页。

五、人类性道德的缺失

当代艺术在道德方面就不存在问题，或者说，只要遵守了这四方面的道德准则，就可以"为所欲为"，当代艺术的道德不同于普通的公民道德，当代艺术家在创作时为了艺术本身，可以暂时抛开道德做个善良的谎言，但是，这不等于说可以在艺术名义下随心所欲，还有非常重要的一个方面，也是中国当代艺术家所应该恪守的，那就是人类性的道德准则，也是在现代文明社会中，所有人员都必须遵守的道德底线——人类性。

第五节 艺术设计市场的道德体系建设

一、完善艺术市场的法律法规，加强市场监管

20世纪90年代开始，我国政府为了规范市场，加强监管，制定和颁布了一系列有关艺术品市场的管理条例和法律法规，如《拍卖法》《文物拍卖管理暂行规定》《美术品经营管理办法》等，但从法律本身的完善性配套执行的情况以及艺术品市场迅速发展出现的新情况来说，这还远远不够，还需进一步地完善。同时，我们也应该注意到法律法规制定的可行性。我国有些法律法规的制定遵循了国际惯例，但是我们应该同时考虑到中国的具体国情，使制定的相关法律可操作性强。导致我国艺术品市场无序竞争的混乱状况，一个重要的因素是市场监管力度不够。政府应通过法律法规明确艺术品市场主管部门的管理职能，理顺文化、工

商、公安等职能部门的关系，避免多头管理、责任不清，实施依法行政、统一有效的市场管理。通过完善艺术市场的法律法规，加强市场监管，规范市场行为，为艺术市场的发展创造良好的政策环境。

二、制定艺术品市场准入标准，加强行业自律

目前，我国艺术品经营企业的准入门槛较低，导致艺术品质量参差不齐。有的企业因为近几年艺术市场的火爆而盲目上马，规模小，重复性，操作不规范，扰乱了市场秩序，影响了市场的健康发展，因此必须提高艺术品市场的准入门槛。第一，制定行业资格标准，对申请的企业进行严格的资格审查，符合标准的准其进入艺术市场经营行业。第二，有关部门对艺术品经营企业的经营情况进行记录，建立企业诚信档案，并公示企业的诚信情况。第三，成立各种行业协会，进一步发挥行业协会的作用，使整个行业在协会的领导下制定行业规范准则，对各企业经营进行监督，使整个行业在行业协会的领导下加强行业自律的力度，营造一个规范有序的艺术市场经营环境。如中国拍卖协会根据行业的特征，从行业规范性、诚信度、经营规模、持续发展能力以及社会贡献等方面进行评审与艺术市场相关的具备 AAA 资质的艺术品拍卖公司名单，这样的活动有利于加大行业自律。成立行业协会也是国内艺术市场与国际艺术市场接轨的一个表现，在国外很多国家都有相应的机构，如美国的艺术品经销商协会，法国的艺术画廊委员会。这种机构有利于企业和艺术走出国门，也有利于国内企业之间的交流，互通有无，资源共享。

三、加强艺术市场的人才培养

目前我国艺术市场高速发展，而相应的专业人才培养却没有跟上。艺术市场发展靠的是专业人才。如艺术品经纪人和对外交流人才等。我国文博机构、艺术院校等部门应该加强艺术市场专业人才的培养，为艺术市场的发展壮大储备有生力量。特别是艺术院校，现在最缺的也是人才，鉴定研究生的培养中可以开设有关艺术市场的专业，为艺术市场的发展培养高层次的专业人才。一些部门、机构、艺术院校开展艺术市场专业人才培训，尽快培养高、精、专的专业人才。如2006年4月，国家劳动和社会保障部中国就业培训技术指导中心正式启动了《文化经济职业岗位培训项目》，对艺术品经营单位的从业人员实行资质考核和认证制度，提高经营者的素质。艺术市场的快速发展，促使艺术投资人员的迅速增大，应普及国民艺术知识，提高投资者的文化艺术素质，引导投资者科学、理性地进行艺术品的投资，如此将有益于推动文化艺术产业的健康发展。

四、加大艺术市场培育的力度

一个国家的艺术市场的持续快速发展取决于这个国家经济快速持续的发展，除此之外，艺术市场培育的成熟程度也是一个极为重要的因素。艺术市场的培育为艺术市场的快速发展打下坚实的基础，营造一个良好的环境，促进艺术市场健康的发展。加大艺术市场培育的力度，关系到艺术市场的各个环节，应加大对艺术市场文化环境建设的力度。

首先，加强艺术市场文化环境的硬件建设培育艺术品消费者是艺术市场核心，没有艺术消费者，艺术市场的发展只能是一种构想。因为艺术品消费所需的文化素养、艺术趣味与市场判断力都影响消费者的艺术品消费，而其根源是对消费者的文化艺术教育的普及和提高。改革开放后，各类综合性专门性的美术馆在全国各省市先后建立，近几年民间美术馆、博物馆也大量出现，美术场馆事业得到蓬勃发展。但仍存在一些问题，如缺乏计划性和科学管理，更重要的是艺术品收藏匮乏和质量不保证，还没对公众普及化。因此，应当建立各种层次和功能的公立或私立的美术场馆，收藏和陈列古今中外艺术精品，同时应尽量降低门票价格，最好免费向大众开放，使百姓普遍能经常出入艺术殿堂，提高国民文化艺术素质和审美水平。另外，美术馆还可以成为艺术创作者和爱好者提供学习、研究和临摹艺术品的场所和培训基地。美术展览馆，专门为艺术家提供作品个展和联展的场地，对提高和促进我国艺术收藏事业的发展将起到不可低估的作用。建馆经费，除按国际惯例由国家拨专款外，亦可多渠道筹款集资，包括各种社会捐赠。也可对企业调节税收政策，鼓励企业投资文化建设。此外，还可鼓励商富以私人名义建造美术馆。

其次，加强艺术市场文化环境软件的建设。如上文所说，首先普及艺术教育，提高国民的文化艺术修养，加强人才的培养，为艺术市场的发展储备有生力量。同时，建立艺术市场的学术支持体系，应该在学术研究与艺术市场之间建立互动关系。学术研究为艺术市场建立价值评价体系，同时也为收藏家和投资者的审美趣味与收藏方向提供强有力的学术引导和支持，促进学术价值与市场价值逐渐合一的趋势。

五、调整艺术品交易的税收政策

国家可以通过调整艺术品交易的税收政策，降低对企业和个人投资艺术品的税收比率；对国家捐赠文物艺术品的企业和个人按比例减税或全额抵税，鼓励企业和个人投资文化建设，促进文化艺术产业的发展；出台鼓励文化经营企业的优惠政策，支持投资文化艺术产业的企业的发展，促进文化艺术产业的发展。

六、设立各种艺术基金

国家设立艺术基金为国家文博等机构收购古今中外文物艺术精品提供资金保障，推动文化事业和文化艺术产业的发展。鼓励社会组建各种艺术基金，参与艺术品的收藏和投资，调动社会力量来促进文化事业和文化产业的发展。

七、加快中国艺术市场的国际化步伐

中国拥有巨大的国内市场，拥有众多的投资者和收藏家，拥有巨大的国内需求，应积极招集外国投资艺术品资源进入本国市场，也应该积极地将本国的艺术作品向国外推销，鼓励中国的企业和投资者进入国际艺术市场，参与国际竞争。我国可以参照外国艺术品交易政策进行适当的调整，促进中国艺术市场的国际化进程。

当今中国的市场经济是个大舞台，艺术市场在这个大舞台上成为主角。艺术市场创造了一个个商业神话，它像一个巨大的磁场，吸引越来越多的人，越来越多的资金向它聚集。水涨船高、高潮迭起的拍卖业，峰回路转、努力开拓的画廊业，参差不齐、有待提高的艺术博览会，共同演绎艺术市场奋进之歌。中国艺术市场正处于市场规模迅速扩大，市场结构逐步成型，价格行情普遍上涨，市场全面调整构建的时期。火热之中有冷静，在发展之中调整，在调整之中发展。中国艺术市场就这样一步步走向成熟。

第六章 艺术设计从业人员的伦理规范

第一节 正确认识和处理设计伦理与道德信念的关系

一、道德信念与艺术欣赏

以往我国哲学和伦理学教科书，对道德一词的界定比较侧重于强调道德是一种"规范"体系，如"道德是以善恶为标准，依照社会舆论、传统习俗、内心信念的力量调整人们之间相互关系的规范的总和"。① 古希腊哲学家亚里士多德曾经把道德（美德）划分为与感性欲望相关的实践美德和与纯粹理性活动相关的理智美德。他认为，实践美德充其量只能培养"善人"，而理智美德则造就"完人"，是人生追求的最高目标，因为"理性的沉思的活动则好像既有较高的严肃的价值，又不以本身以外的任何目的为目标，并且具有它自己本身所特有的愉快……而且自足性，悠闲自适，持久不衰"。② 其意为以悟道为志向，以德性为根据，目的在于构建理想的人格和良好的社会图景。所以，在我国古代

---

① 宋希仁：《伦理学大词典》，吉林人民出版社 1980 年版。

② 《古希腊罗马哲学》，商务印书馆 1987 年版，第 327 页。

哲学的文献中，道德一词亦十分注重人格修养的含义。可以说，人格修养是传统德性的核心内容。

在道德建设中，道德本身所具有的"人格修养""人格完善"的意义，对于我们理解道德在社会的存在和发展中的作用有着特殊的重要性。因为，只有当人们不是仅仅从服从的意义上接受道德规范的约束，而且还把道德修养作为自我完善化的精神追求并以此体验自身生存与发展的最基本价值和终极性意义的时候，道德要求才能成为行为选择的第一要求。这也就是所谓"道德信念"的确立。

二、艺术欣赏的本质

艺术欣赏需要学习吗？假如有一个人请你去看一个画展，你说，且慢！让我先去学习一下如何看画，然后再去看画展。这不是笑话吗？对于普通人来说，艺术欣赏似乎就是看到了美术作品的画面，听到了音乐会曲子的每个音符，艺术欣赏似乎是无师自通的。其实这样的艺术欣赏只是欣赏的最低层次，也就是获得感官愉悦，并没有了解艺术欣赏的本质所在。

那么，艺术欣赏的本质是什么呢？艺术欣赏的本质就是对艺术作品的虚空、空白和不确定性的填补。什么叫艺术作品的虚空、空白与不确定性呢？什么又叫作对艺术作品虚空、空白与不确定性的填补呢？

试举一例。据说，唐寅有一幅作品，名曰《川上图》。画面上是一个人牵驴过桥，桥下水流湍急，驴不肯过桥，牵驴的人用力拉驴。这幅画在画店出售，被人以高价订购，约好次日来取画。画店老板十分高兴。当日关门之后，他想看看这幅平淡无奇的画为什么可以卖出如此高价。当他仔细观察这幅画时大吃一惊，牵驴者与驴之间竟然忘了画绳子。店主担心买主反悔，便拿起毛笔在人与驴之间添上了一条绳子。次日买主见画后却拒绝购买了。顾客说："我购买此画就在于喜欢它是没有绳子的，既然添上了，还要它干什么呢?"人与驴之间没有绳子，就叫作艺术作品的虚空、空白与不确定性。欣赏者在心中画出这条绳子，就叫作对艺术作品的虚空、空白与不确定性的填补。

《芥子园画传》中有一幅画"对话的人"。两人相对而立，虽然说话的人没有嘴，听话的人没有耳，但寥寥数笔竟得入微，这就叫作艺术作品的虚空、空白与不确定性。欣赏者在欣赏这幅作品时，要在自己的心中把说话者的嘴和听话者的耳添上，就叫作对艺术作品的虚空、空白与不确定性的填补。

由以上两例我们得出：艺术作品中的虚空、空白与不确定性就是"象"与"意"之间的距离。作品中的"象"是人的感官可以感知的客观存在之物象，也就是"无绳牵驴""无嘴说话，无耳听闻"。艺术作品的"意"是人的感官无法直接感知的，隐藏于"象"背后的象

《芥子园画传》选图（国画）

外之象，也就是需要想象填补的"绳子"以及对话者的"嘴"与"耳"。艺术欣赏者根据自己的生活经验和审美情趣，在"象"与"意"之间修筑一条由此及彼的道路，就是对艺术作品中的虚空、空白与不确定性的填补。

齐白石有一幅画，叫作"蛙声十里出山泉"。齐白石91岁时，作家老舍来访，引用清代诗人查初白的诗句请老人作画。齐白石一挥而就。画面上一条溪流从长满青苔的乱石中泻出，几只蝌蚪在溪水中嬉戏，顺流而下。这幅作品，有巨大的虚空、空白和不确定性。数尺长的画卷，不足十里，更无法客观复制蛙声。但是，你是否看到了在十里之外，有许多碧绿的、身上背着三条金线的青蛙在溪水中、池塘里跳跃？假如你看到了也听到了，那么，你就在"象"与"意"的空白间搭建了桥梁，你就是对作品的虚空、空白和不确定性做出了填补，你就欣赏了齐白石的名作。

绘画是这样，那么雕塑作品有没有虚空、空白与不确定性呢？有的。雕塑是静止的，生命是运动的，由静止到运动的差距就是雕塑作品的虚空、空白与不确定性。接受者在欣赏雕塑作品时，能够把静止的看成运动的，这就是一种填补。

仔细观察罗丹的《思想者》，我们注意到"思想者"的右肘放在左腿上，这是一个很别扭的姿势，不能长久地这样坐着。为什么罗丹要给"思想者"安排这样的坐姿呢？按照常理，人们在思考一个问题时要选择一个舒服的姿势，右肘放在右腿上。于是，我们展开想象，思想者思考的那个问题应该是一个很复杂、很困难的问题，右肘放在右腿上的坐姿时间太长了，他太累了，于是，他换了一个姿势，把右肘放在左腿上，就是现在的坐姿。但是这个姿势是更容易疲劳的姿势，坚持不了太久，以后，他

《蛙声十里出山泉》（国画）

202

的右肘又会放在右腿上。罗丹的雕塑，给接受者留下了虚空、空白和不确定性。这是罗丹的高妙之处。接受者填补了这些不确定性，这是接受者的高明之处。那么，我想考一考读者，运用由静止见运动的思维方式，我们是否可以填补米勒名画《倚锄的男子》中的

《思想者》（塑像）

虚空、空白与不确定性？通过这幅静止的画面，读者是否想象到画面男子劳动的前后过程？画中男子如此疲劳，在这之前他做了什么？他为什么不能坐下或躺下休息，而只是倚锄小憩片刻呢？如果读者可以由静止的画面想到男子劳动的前后过程，你就真正学会了艺术欣赏。

三、艺术欣赏的多重目的

艺术欣赏有多重目的：认识目的、审美目的、交往目的、娱乐目的等等，但艺术欣赏的最主要的目的是净化人的灵魂，也就是它的美育目的。

艺术作品是艺术家情感的形式美表达。艺术家的灵魂总是通

过情感的宣泄或隐或显地表现在艺术作品之中。一切优秀的艺术家都有一个高尚的、纯洁的、善良的灵魂。艺术欣赏者正是在欣赏的过程中感受到艺术家灵魂的高尚，从而受到心灵的涤荡和洗礼。

我国当代美术家韩美林，在"文化大革命"期间，先被批斗，继而被投入监狱，经历了难以言说的人生苦难。对于常人来说，社会和环境给予的苦难和不公引起的是愤恨和不满，然而，苦难对于一个心灵纯净的艺术家来说意味着磨炼，他用真、善、美回报了社会给予的苦难，那跑遍世界的"福娃"就灌注了他的纯洁善良的灵魂，艺术家这种以德报怨的宽厚胸怀足以使争名逐利、睚眦必报的人们低头反思自己的灵魂。正是浸透着灵魂深处至真至善的千万件优秀艺术作品在召唤欣赏者积极填补艺术作品的虚空、空白和不确定性的同时，深深感动欣赏者，使艺术欣赏者被艺术创作者的纯净灵魂所吸引，而立志做一个高尚的、纯洁的、善良的人。

四、文化消费与艺术设计密不可分相互促进

文化是人类在社会历史发展进程中所创造的物质财富和精神财富。如文学、艺术、教育、科学等。文化所涉及的范围非常广泛，它作为一个大系统，包括物质文化、制度文化、精神文化三个方面，文化消费除了纯粹的精神文化概念消费以外，还包含于广大的物质文化消费之中。艺术设计作为一种文化，在人们日常消费中随处可见。这一点我们在中就有切实的感受。例如：我们走在城市街道上就会被各种房屋的外形设计、路牌的广告设计、店面的橱窗设计所吸引；然而每当我们走进商场时，会不由自主地被琳琅满目的设计优美的商品所打动；漫步公园，优美的园林设计更让人陶醉其中；当我们回到家中，打开电视时可立即看到各种影视广告，无论从语言到画面都可谓是别出心裁，让人应接不暇；来到新华书店、图书市场，看到的一册册图书其装帧设计、印刷设计也是异彩纷呈、夺人眼目。总之，我们看到身边的许多东西和日常的各种消费尤其是文化消费，伴随着大量的艺术设计存在，两者密不可分。

　　由此可见，随着物质生活水平的提高，人们在消费进程中开始追求文化享受，在餐饮业我们看到人们在进行物质消费的同时，伴随大量的文化消费，而文化消费与设计密不可分。设计艺术对文化消费有着巨大的促进作用。它不仅可以加速文化产品消费的实现，而且可以大大提升文化产品的质量和价值。不仅酒店通过高质量的设计装饰一新，可以大大提升企业形象，带来巨大经济效益，而且各行各业都是如此。例如，素以礼仪之邦著称的古代中国，以精美华丽的服饰赢得了"衣冠王国"的殊荣。在中国人的心目中，衣冠服饰除了蔽体御寒、美化服饰的普遍意义外，更是建立社会秩序、别贵贱、寓赏罚的重要尺度。社会飞速发展的今天，人们又对设计提出新要求，比如材质、面料以及款式，使之更符合现代的生活工作的需要。再比如说，我们看到故宫建筑群时，建筑本身的造型、形式、结构的设计都体现了它作为物质文化存在的价值，而且也反映出了它所负载的制度文化的内容，而表现在观念和心理层面的则是建筑的设计观念，特别是环境与空间序列的设计。今天，我们漫步于故宫游览时，时时处处体味到的是中国传统文化的魅力和精神，这就是各种形态文化的总和与设计的综合之美。再比如：家具消费市场，家具的不断翻新，不断推出高品质产品的过程就是一种文化理念与设计创意的竞争。

家具设计是最有能力代表具体造型的时代特点，并能引导时代潮流的设计之一，家具作为社会物质文化的一部分，是一个时代、一个国家或一个民族的经济、文化、技术发展的产物，反映时代精神和文化传统。知识经济时代，要求提高物质产物的技术与文化含量，使之更优美、科学、有更强的市场竞争力，以满足消费者的要求。

从以上这些实例中不难看出文化与设计是互为关系、相辅相成的一个有机的整体，设计中蕴含着文化，而文化又作用于设计，是设计的灵魂所在，而在当今文化消费市场中，这两者又共同作用于消费，两者推动了消费市场的发展，拓展出文化消费市场的新前景，很好地刺激了消费者的购买力。也因此创造了无限商机，在互为动力的前提下，大大搞活市场，同时设计师也为社会创造出更多、更科学、更美好的设计作品来满足人们的需要，可见文化与设计以及市场消费，它们都有着环环相扣的密切联系。

五、艺术设计伦理与道德的关系

在艺术与道德并行发展的今天，笔者认为这并不意味着艺术可以跨越道德而发展。以行为艺术为例，2001 年，中国成都，一个名为《复活节快乐》的行为艺术在上演着：某头不幸的公猪被抬上手术台，而后被剖开胸膛，露出尚在跳动的心脏，然后在痛苦的嚎叫声中死去，血腥的场面让观众吓得脸色苍白。据说该行为艺术本来想展示猪的受难与复活，猪的死纯粹属于意外事件。但是整件作品中呈示出虐待与血淋淋的场面已背离了正常的审美观，实际上是美学的恐怖主义。近些年来，这种趋势愈演愈烈，让垂死的金鱼在地上进行"死之舞蹈"、从被剖开胸膛的牛尸中钻出、用人的尸体制成表达某种离奇理念的物品，甚至是吃死婴等极端的表现方式，使得审美离人们越来越远。与此同时，一些艺术工作者明明知道"知人论画"的道理，但却抵挡不住实际利益的诱惑，对一些粗制滥造的作品进行涂脂抹粉，全然忘记自己的道德操守和学术立场。

萨特指出，美的形象和审美的快感之间就存在着必然联系。康德说，"至于美，我们却认为，它是对于愉快具有着必然的关系"①，就是说，只要我们见到美的形象，就必然会产生审美的快感。但是，鉴赏判断的必然性是一种特殊的必然性。它既不同于理论上的客观必然性，也不同于实践上的道德的必然性。康德说："审美判断里所指的必然性却只能被称为范式，这就是说，它是一切人对于一个判断的赞同的必然性，这个判断便被视为我们所不能指明的—普遍规则的适用例证。"②就是说，鉴赏判断的必然性是一切人对于用例证来显示不能指明的普通规则的判断，都会表示赞同的那种必然性。由于鉴赏判断不是客观的和知识的判断，所以这必然性不能从一定的概念引申出来，更不能从经验的普遍性推论出来。在经验诸判断的基础上不容建立这些判断的必然性，但是对于这种判断，为什么一切人必然会赞同呢？康德认为其中的原因在于有一种先验的"共通感"，而这种共通感就是促使鉴赏判断具有必然性的条件。

在笔者看来，艺术家的生存不应是故作先锋的孤立，不是在自己的创作中反道德而是力争获得超越性境界。因为艺术来

---

①　[德]黑格尔：《美学》第二卷，朱光潜译，商务印书馆1997年版，第307页。
②　[德]黑格尔：《美学》第一卷，朱光潜译，商务印书馆1997年版，第103页。

源于社会，同时又服务于社会。真正反道德的艺术家往往脱离公众，然而公共领域中的公众今天已经不是庸众，他们每个人正在成为日常艺术家，并以自己的审美观来评价艺术家。艺术品的专业界限和独特身份正在被改写，一味地反道德是没有前途的。

探析今天的一些艺术行为之所以走到了反人性、反道德伦常的极端，实质上全因为一些人对艺术的误读，对美与善的曲解。美是艺术的本源，而善则是道德的标准。马克思的艺术美育观点告诉我们：艺术的审美教育目的，在于塑造人的情感，使人的情感获得解放，构建一种高尚的现代人的精神，实现人的全面自由发展。然而，在一些艺术家的眼中，美与善却在他们的视野之外，所谓艺术行为就是标新立异，以怪诞的、背离社会伦常的行为达到令人咋舌的效果。剥去这些怪诞行为艺术的外衣，其实留下的是内容的贫乏、对生命的亵渎以及对人的发展的阻碍。

笔者认为艺术是从美的角度反映社会文化生活，而道德是从善的角度反映这一点，应该把艺术和道德用辩证的思维方式联系在一起。美与善在艺术作品中不仅是并行不悖的，而且是可以相互促进的，美的艺术也就是道德的艺术，道德的艺术也才是美的艺术，没有道德价值保障的艺术就会显得很苍白，躲进象牙塔中成为一种无用的玩偶，甚至走向颓废；而没有审美价值作基础的艺术就会变得乏味，由于其功利目的太强而最终沦为道德的工具。

总之，艺术创作者应把美和善统一在一起，这样才能正确认识艺术和道德的联系和区别，在实际的生活中正确处理好涉及的艺术与道德的关系，才能使艺术真正得以健康发展。

第二节 艺术设计职业的伦理教育

职业伦理是介于职业道德和职业法规之间的，既具有精神内涵又有法治精神的文化，是某种职业或行业的从业人员以伦理自然为基础，根据本行业的专业知识，经过逻辑推演而形成的行为规范。对于每一个职业来讲，职业伦理体现了从业人员对其从事的工作或服务的对象所承担的使命。艺术设计职业的伦理要立足于体现传统文化价值以及独特的民族文化特色，深入挖掘本民族的优秀文化精华。

一、艺术设计职业伦理教育的特征

职业教育是现代国家国民教育的重要组成部分，是生产力水平提升的重要环节。职业教育发展的好坏直接影响着国民经济的发展。我国的职业教育自 20 世纪 80 年代以来取得了重要突破，尤其是 90 年代后，高等职业教育在全国范围内的迅速兴起，不仅使整个国民教育体系得以进一步完善，更重要的是其产生的内在动力价值，有力地推动了经济的高速发展。在这期间，艺术设计教育不仅成为职业教育的一个新兴领域，且愈来愈呈现出其对经济建设的发展不可替代的作用。设计教育的产生和发展是伴随着一个国家经济的发展而出现的。第一次世界大战后的德国于 1919 年建立的包豪斯学院，开启了现代意义的设计教育。之后，1930 年前后的美国，二战后的日本，都与经济发展同步相继出现了各自的艺术设计机构。作为生产过程重要环节的设计直接服务于国民经济，设计的发展也成就了上述国家国民经济的发达。

20世纪90年代的美国政府曾在小石城专门召开全美设计圆桌会议，讨论设计对于提高美国产品在国际市场上竞争力的作用，把艺术设计看作是国家经济战略的重要组成部分。可见，设计产业所产生的经济效益早已受到发达国家的高度重视。进入21世纪，经济全球化背景下的我国经济正在经历跨越性的迅猛发展，并为全世界所瞩目。艺术设计产业无疑也将成为这一巨大经济体运转前行的重要引擎，而其潜在的动力却尚待进一步的系统开发。这其中对艺术设计教育，尤其是职业院校的艺术设计教育模式、体制的深入分析和探寻就显得极其重要。改革开放至今已有40多个年头，大规模的对外合作、交流已成为国内经济社会生活的常态。国人对欧美国家成熟而发达的教育体系对经济社会快速发展带来的推动作用的认识也愈来愈深刻。与之相比，我国的艺术设计职业教育整体上还存在很大差距，尚不能很好地服务于市场和社会，从而满足经济发展的需要。而现有的艺术设计职业教育模式则在许多方面暴露出了种种问题。与此同时，针对这些问题所进行的探索和研究就成为较为迫切的工作。

有效的艺术设计伦理教育是以较小的投入获得理想的教育效益的模式，具有如下特点。

1.社会性。艺术设计伦理模式产生于一定的社会环境中，并作用于一定的社会。有效的职业伦理模式应充分体现一定社会时期经济、政治和文化发展的特点、要求，正确处理历史、现实和未来的关系，起到保证社会有序发展和个人精神完善的作用。艺术设计伦理模式的社会性要求职业伦理教育要以提高人类生存的品位、价值和境界为目的，合理吸收、借鉴人类社会一切优秀伦理教育成果，直面现实社会的伦理问题，培养人正确的道德情感和意识、良好的道德品质和行为习惯，并把这种教养活动渗透于文化建设中，渗透于人的职业实践和社会交往中，最终形成良好的职业风气和社会风貌。

2. 科学性。有效的艺术设计职业伦理教育模式拥有先进的伦理观、教育观，符合人的道德伦理、行为发展规律和职业教育规律，体现了知识教育、技能教育和情感教育之间的本质联系和学校教育、家庭教育、社会教育与组织培训之间以及理论教育与实践教育、教育与自我修养之间的本质联系，能够主动适应社会经济、政治、文化、科技发展对人的要求，满足人自我完善的需要，具有很强的科学性。在我国今天及未来相当长的一段历史时期内，艺术设计职业伦理教育模式的科学性，就是坚持马克思主义伦理观和素质教育的思想，遵循终身教育和学习性社会建设的原则，巩固、发展家庭教育、学校道德教育的成果，把社会主义职业道德内化为职业人的职业伦理素质。

3. 发展性。人的全面发展是当今时代改革的主题，也是人类社会永恒的目标。有效的艺术设计职业伦理模式把促进人的全面发展作为自己的终极价值，同时又把自己视为人的全面发展的基本方式和途径，因而无论是目标和内容的设计与规定，还是教育方法的选择、评价手段的运用，都重视发展受教育者的职业伦理需要，重视发展受教育者职业伦理认识能力和实践能力，重视发展人的职业伦理人格。培养全面发展的、和谐的人的过程就在于：教育者在关心人的每一个方面、每一特征的完善的同时，任何时候也不要忽略这样一种情况，即人的各个方面和特征的和谐，都是由某种主导的、首要的东西所决定的。在一个全面发展的、活生生的、有血有肉的人身上，体现出力量、能力、热情和需要的完满与和谐。教育者在这种和谐里，应看到这样一些方面，诸如道德的、思想的、公民的、智力的、创造的、劳动的、审美的、情感的、身体等的完善。在这个和谐里起决定作用的、主导的成分是道德。① 因此，有效的艺术设计职业伦理教育模式必然是以人为本的，发展从业人员自律精神的教育模式。

4. 整体性。整体性是有效的艺术设计职业伦理教育模式的一个鲜明的特点。它以整体性职业教育理念和职业伦理结构的整体性为依据，从整体上对艺术设计职业伦理教育的目的、内容、途径、方法进行系统规划、系统运作，注重把各种职业伦理教育要素有机结合起来，优化职业伦理教育结构，从而形成职业伦理教育的综合合力和最佳整体效应。在进行艺术设计职业伦理的知、情、意、行教育时不是停留在某一环节上，厚此薄彼地把各种因素人为地割裂开来，采取单一的办法，而是从整体出发，注意各个环节的统一性和综合性，发挥职业伦理教育的整体效应。

5. 层次性。人的需要与个性心理发展、道德发展的层次性在职业世界更具明显性，这就要求艺术设计职业伦理教育要从实际出发，研究学生或职业群体的道德状况，分清他们的层次，按不同的层次进行不同的教育。有效的艺术设计职业伦理教育模式认为职业伦理教育除了要考虑人的发展阶段和水平外，还要因社会发展阶段、人所处的职业层级而有所差别，这种差别主要体现在教育目标、教育内容上。

6. 主体性。"道德的行为不是产生于强制，而是产生于自觉，达到自律道德，才算真正具有道德意义。"② 艺术设计职业伦理教

---

① 苏霍姆林斯基：《苏霍姆林斯基选集》五卷本，第1卷，教育科学出版社2001年版，第93页。

② 张波：《自觉与自律：布鲁贝克学者治学道德观的核心》，载《高教探索》2008年第6期，第51—54页。

育模式的有效性是指该模式以发展人的职业伦理的主体行为目标，以发挥教育者和受教育者的主体性为方法，使职业伦理教育成为人自我认识、自我实现、自我发展的过程。在艺术设计职业伦理教育过程中，教育者的主体性主要表现为职业伦理教育目标、内容的设计、教育方法的选择和教育环境的创设以及对学生主体性的尊重和激发上。而学生作为学习活动的主人，不是艺术设计职业伦理消极的接收者，而是主动选择职业伦理，理解和内化职业伦理的人。在有效的艺术设计职业伦理教育模式看来，职业伦理教育是促进学生由接受教育的对象成为教育活动的主体，并进而成为社会生活主人的过程，衡量教育效果的好坏主要看学生的自我教育能力是否得到充分发展。在艺术设计职业伦理教育过程中，教育者和学生在平等人格上交往，品德上的相互影响，建立起主体与主体间民主、认同、合作的活动关系，形成良好的教育效果，从而促进学生道德主体性的发展。

7. 开放性。有效的艺术设计职业伦理教育模式不以故步自封的眼光孤立、静止地看职业伦理教育，而是把职业伦理教育作为一个开放、动态的系统来对待。不仅仅强调要抓好学校内部或组织内部的职业伦理教育，发挥职业伦理教育机构的主导作用，而且强调学校内部或组织内部的职业伦理教育要与家庭教育、社会教育结合起来，把职业伦理教育同社会实践、职业活动结合起来，动员组织内一切教育资源和社会各方面的力量共同做好职业伦理教育工作。有效的艺术设计职业伦理教育把职业伦理教育置于全球化的环境中来进行，使艺术设计职业伦理教育摆脱学校围墙或组织边界的封锁，面向劳动市场，面向社会，面向世界，不断提高职业伦理教育的社会化水平，增强职业伦理教育的社会合力和社会适应力。

8.生活性。伯克强调了审美判断的普遍原则与现实生活的关系。他说："如果没有全人类共同的一些判断原则和感性原则,人们的推理与情感就不可能有任何根据以保持日常生活的联系。"① 审美判断是"所有人都依赖天然的同感来感觉。不借助于任何推理,每个人心里都承认它们的正确性"。② 在这里,伯克强调了审美判断的普遍原则及其与现实日常生活的联系,这对康德的共通感思想有很深的启示。有效的艺术设计职业伦理教育模式是一种生活化的伦理教育,主张在职业生活、伦理生活与道德体验中培养人的职业伦理。它通过艺术设计职业伦理生活思维的运动形式,将职业伦理价值观念贯穿于生活活动中,通过发挥学生主动性思考职业伦理事件、提高职业伦理教育效果。生活化的艺术设计职业伦理教育模式主要指职业伦理教育要以实践生活为载体,教育与学习应该从受教育者的职业生涯出发,关注人的职业生活需要,以自我教育为根本出发点,让学生在实践体验中理解社会的道德要求,其本质是"做人"。在内容上以"修养"为核心,充分发挥职业伦理核心价值观的导向功能;在方法论上要以生活教育为主,充分发挥职业伦理生活的潜移默化功能。也即,职业伦理教育生活化的要旨在于,在学校生活或职业生活过程中引导教育对象自我感知、体认和思考,实践生活中潜移默化地受到启迪和教育。

9.多样性。有效的艺术设计职业伦理教育模式从社会价值多元化、职业多样化、个体需要多元化的现实出发,坚持通过多

---

① [英]伯克:《崇高与美——伯克美学论文选》,李善庆译,上海三联书店1992年版,第16页。

② [英]伯克:《崇高与美——伯克美学论文选》,李善庆译,上海三联书店1992年版,第16页。

种途径和方法来达到职业伦理教育的目标。教育主体可以根据教育目标、教育对象的伦理发展状况等灵活运用教育教学方法。有效的艺术设计职业伦理教育模式认为当代各种伦理教育理论或模式，如柯尔伯格的道德发展理论、价值澄清理论等都有其合理与不足之处，都可以用来解释某些具体伦理问题，同样，灌输教育法、案例讨论、角色扮演、榜样教育等都各有千秋，适应不同的教育需要。因此，艺术设计职业伦理教育方法多样化，有机地分别作用于职业伦理教育过程整体中的不同部分，才能使职业伦理教育丰富多彩且富有成效。有效的职业伦理教育模式认为要做到方法多样化，就应日益科学化、个性化、注重人际关系，具有可操作性。

10.道德性。道德是为了更加美好的生活所不可缺少的东西，"有两种东西，我们对它们的思考越是深沉和持久，它们所唤起的那种越来越大的惊奇和敬畏就会充溢我们的心灵，这就是繁星密布的苍穹和我心中的道德律"①。有效的艺术设计职业伦理教育模式不仅教育、传授着一定的职业伦理，而且其本身，包括教育方式也是以符合道德的方式进行的。这就意味着艺术设计职业伦理教育要有自我反省的功能，要体现对受教育者的爱与责任，要传输符合时代与最广大人民群众的伦理价值。根据孙彩平博士关于道德教育之道德性的内涵的研究，有效的职业伦理模式的道德性强调的是职业伦理教育活动要尽可能体现自由、公正、仁爱等伦理规范的要求。"真正自由的道德行为就是出于自觉自愿，具有自觉原则与自愿原则统一、意志和理智统一的特征。一方面，道德行为符合规范是根据理性认识来的，

① ［德］康德：《实践理性批判》，商务印书馆 1981 年版，第 141 页。

是自觉的；另一方面道德行为合乎规范要出于意志的自由选择，是自愿的。只有自愿地选择和自觉地遵循道德规范，才是道德上真正自由的行为。这样的德行，才是以自身为目的，自身具有内在的价值。"①

二、艺术设计职业伦理教育的内容

世界上的职业教育产生于20世纪40年代中期，而我国的职业教育起步是在70年代初期。我国的艺术设计职业教育是伴随着改革开放的步伐而兴起的，较之西方发达国家和亚洲的日本晚了很多年，其产生的基础是原有的工艺美术教育。因而，体系中仍然留有原工艺美术教育时代的许多印迹，如教学流程、课程设置、教学方法、教育理念等，对现代艺术设计教育的理解尚不系统，不够深入。一般院校的艺术设计教育基本上还与美术教育捆绑在一起，或简单地理解为艺术教育的分支。即使是职业院校的艺术设计教育也大多沿袭着传统工艺美术教育的体系和思维，或者与非职业院校的艺术设计教育混同，而艺术设计教育与其他相关学科之间的内在联系却往往被忽视。然而，艺术设计终究不是工艺美术，工艺美术教育的原有体系也就不可能适宜现代艺术设计教育的需要。为适应经济建设的需要，国内针对艺术设计职业教育的探索步伐从产生之日起始终未曾停止，艺术设计职业教育的建设和发展也愈显迫切。这期间，学习借鉴西方国家和日本的艺术设计教育模式成为初期最简捷的方式。然而，各国的艺术设计体系别具特色，彼此之间互不相同。而我们又缺乏对这些国家

---

① 冯契：《人的自由与真善美》，华东师范大学出版社1996年版。

艺术设计教育发展历程和经济文化背景的系统了解，加之对艺术设计职业教育本身理解得不够深入，忽视了自身发展的具体情况，导致借鉴过程中简单模仿、生搬硬套、牵强附会，甚至不伦不类。这样的结果一度使得我国艺术设计职业教育领域内出现某种混乱局面。进入 21 世纪，随着改革开放的不断深入，经济的发展和社会的进步带来对外交流的进一步扩大，针对西方发达国家艺术设计教育的认识、理解也变得越来越清晰和全面。与此同时，经济的快速发展和需求客观上也促成了国内对艺术设计职业教育自身意义和价值的更深层理解。中国的艺术设计职业教育目前正待调整，而其未来必然是适合国情和有中国特色的现代艺术设计职业教育。

三、建立具有地域优势的艺术设计职业教育模式

艺术设计和社会、市场密切关联，且服务于市场和社会。既然是服务，就必须尊重服务对象，以服务对象为本。因此，艺术设计教育的建立和发展也必然受到经济与社会的影响，两者之间同样有着密切的关联。任何一个国家或地区都有其不同于其他的独特之处，或是经济，或是文化，或是传统。在这些不同背景下产生，并与之息息相关的艺术设计职业教育也必然有着各自不同的特色倾向。如：英国的艺术设计教育就比较注重英国市民消费文化传统的传承，而德国的艺术设计教育则体现着其理性的民族性格，法国却又在艺术设计教育上呈现一种融艺术精神于一体的特色。至于日本的艺术设计教育，呈现出的则是明显的企业与市场经济的相关联性。正如美国设计理论家王受之所言："设计教育与其他学科的教育最大的不同之处是它没有世界统一的模

式，不但没有世界的模式，而且即便同一个国家或地区，模式也不尽相同。"的确，国与国不同，地区与地区、城市与城市也不尽相同，各自都有各自的特点，存在着不同程度的差别。即便是同一个城市也有着不同类别和层次的需要。因而，艺术设计职业教育不可能也不应该被建立成一个所谓稳定的、标准的、一成不变的体系，只能是因地制宜、因国情设立、因市场需求而发展的动态体系。中国是一个地大物博、多民族的国家，由于各地区的地理位置、经济发展和人文背景不同，行业和地区之间存在着发展的不平衡性，这就决定了每个地区自身的发展优势和特色。如何结合地方特色优势，发展地方经济，是我们各类职业教育所要考虑的重要因素，同时也是形成艺术设计职业教育特色的重要出发点。如：内陆地区经济发展和现代化程度虽不及沿海，但其传统产业基础雄厚，地域人文特色浓郁；针对这些特点确立相应的设计教育特色和方向，从而适合地方经济发展的要求，并服务于地方经济，是内陆地区职业院校确立其教育模式的出发点。而对于沿海地区而言，其经济发展的迅猛使得其现代化、国际化程度远远超过内陆地区，因此，这些地区的院校在确立自身艺术设计职业教育模式上就需更多地关注现代化国际市场及未来的设计发展前景，努力做到与时代同步、与世界同步。艺术设计职业教育和社会、市场密切关联，且服务于市场和社会。作为服务一方的职业院校必须深入了解中国的特殊国情和中国所走的特殊发展道路，针对"中国特色"，以开放、发展、宏观而灵活的思维，审视自身所处的周边环境，并对其进行全面深入的分析和论证，客观、理智地确定自身的服务对象和发展方向，从而因地制宜地设定专业，采用切实可行的方法凸显特色，形成能够体现和发挥各自地域优势的教育教学模式。

四、艺术设计职业伦理教育的途径

1. 重视传统设计文化的教学

随着经济与文化全球化的发展，各种设计文化之间的交流、竞争也越来越明显，尤其是受到西方强势设计文化的排挤与侵蚀，中国艺术设计中的传统文化在逐渐淡化，在世界文化的竞争中迷失自我，陷于被动的尴尬境地。我们知道，艺术设计不是一种孤立活动，它应该是一种综合的创造活动，涉及自然科学、人文科学等许多交叉学科，尤其是传统文化的积淀。如果没有传统文化的滋养，设计就会流于一种缺乏内涵的形式，而缺乏民族精神的设计文化，其活力与个性也将会被"全球化"所淹没。

因此，在强调国际交流与虚心学习的基础上，更应该注重传统文化的教育。传统文化是当代设计发展的源泉，是确立中国设计个性的基础。只有生长于中国传统文化这块丰沃土地上的艺术设计之花才具有旺盛的生命力和竞争力。所以，一个不了解中国传统文化的设计者，很难想象其作品会具有思想深度和感染力。当今许多卓越的设计家多有着深厚的中国传统文化功底。

对于中国传统文化的教育，应该摒弃粗浅、狭隘、偏颇的认识，不能仅仅停留在形式上的简单嫁接和盲目照搬，更重要的是让学生理解传统文化的精神理念与灵魂核心，掌握其独具魅力的文化特征，了解博大精深的中国传统文化最深层的本原和根基。要保留中国设计的艺术本质和民族审美特征，体现这些审美特征的基本元素或表现形式，让设计凝聚并积淀数千年中国思想、文化的精华成分，将传统文化与现代设计融合，与现代人的审美情趣与思维方式相结合，为中国审美心理寻找一种独特且合适的表现，设计出具有民族气息的高水平的创新设计作品。

2. 培养学生的创新能力

设计本身就是创新精神的产物，创新是设计的本质，没有创新就没有好的设计。新时代呼唤创造性人才，培养创新型的人才是高等艺术设计教育的宗旨，创新精神也是人的个性发展的需要，它可以使个性得到充分的塑造。创新人才的培养是一个大的、永恒的课题，需要我们不断地探索和研究。可以逐步将学生推向市场，让学生在大环境、大氛围内学会创新、学会适应。重视学生自主能力与设计思维的培养，是现今设计教育改革的重要内容。创新意识的培养重点应该注重对想象性思维的培养，尊重学生的个性发展，营造一种宽松的、民主的、和谐的教学气氛，给学生一定的自由，鼓励学生大胆尝试，创设互动合作的课堂环境，运用启发式、讨论式、竞赛式等教学方法，因材施教，引导学生对于"独抒性灵"及"逆向思维"的培养开发，在探索发现中不断创造。

在艺术设计的整个环节中，始终需要有丰富的相关学科知识，艺术设计教育要与经济实体、科研机构紧密联系，有计划地安排学生到企业、科研单位进行专业实践，以提高推广和应用新技术开发的能力。通过实践，让学生了解自己所从事专业目前生产、技术、工艺、设备的现状和发展趋势，在教学中及时补充反映生产现场的新技术、新工艺。带着学习中的一些问题，向有丰富实践经验的技术人员请教，让学生主动开发思维去完成具体状况下所需要的设计产品，设计出具有视觉独创性的作品，促使其潜在的主观能动性得以充分发挥，从设计的技巧层面上升到思维开拓的境界。所以，设计教育要加强与设计界、企业界的行业互动关系，为培养具有创新设计能力的高素质人才提供基本条件。

3. 注重设计伦理观念的教育

当前设计中存在着一些缺乏设计道德的不良风气，只顾追求经济效益而丧失了社会公德。夸张的广告宣传导致消费欺骗；不合理的功能设计带来消费误区；只针对富人的产品设计、过度的、豪华昂贵的包装、一次性产品的设计，造成材料和资源的极大浪费、环境的破坏与恶化，这些都表现为一种明显的设计伦理缺陷。

设计伦理就是设计需要综合考虑人、环境、资源等综合因素，发扬人性中美的、善的、真的方面，运用伦理学意识平衡与协调人、社会和环境三者的关系的价值标准。设计以人类的长远根本利益为出发点，自觉地珍惜共同的财富，维护自然资源，建立健康、科学的生活方式和一个有益于人类生存和社会发展的环境，抵制那些有害于人类生存环境的无节制的开发、生产和消费，最终实现维护人类生存系统的目的；关注人们的生存状态，关心不同区域、民族、群体经济平衡发展问题，尤其是为不发达地区的发展和弱势群体提供设计服务，为消除贫富悬殊、创造机会均等发挥作用。故而，重视设计伦理学的教育将对中国设计的健康、良性、持续发展产生积极的作用。

第三节　人生价值与艺术设计从业人员的伦理规范

一、人生价值的多维性

人生价值是价值的从属概念，也是客体与主体需要之间的特定关系。在人生价值关系中，价值客体是人生，指的是一个人的生命过程的一系列实践活动；而价值主体则是人。人生价值不同于其他客体的价值，一方面，人生价值必须体现为能够满足社会的需要；另一方面，人生价值又必须表现为满足个人全面发展的需要。因此，人生价值是个具有多维性的价值系统。

一方面，人生价值是人生社会价值和人生自我价值的统一。人是社会的人，人生具有社会历史性和客观实践性，人的社会价值就表现为个人行为同他人、社会群体需要之间的一种肯定关系，标志着作为客体的人对作为主体的他人或人类社会的有用性，贡献和意义。而人生的自我价值表现为人还具有对自己的有用性，即满足自己的需要。一般物在主体同客体的关系中，只是作为客体而存在，而人则既是主体又是客体。在人生价值关系中，所反映的主要是个人和社会的关系，也包括个人与自我的关系，社会和"自我"都处于价值主体的地位。从个人对社会的关系来说，他表现为客体，因为他的人生价值要靠社会来评价。从个人的行为或一生对自己的利害关系来说，他又表现为主体，就是说他是站在个人需要的立场上来评价自己的行为有无价值的。

正是人本身在价值关系中所具有的这种主客体两重性，构成了人生价值的二重性。一方面，人生价值必然具有社会性；另一方面，人生价值又都具有自我性。社会实践反复证明，世界上任何一个有价值的人，其人生在对社会、对他人具有价值意义的同时，都毫无例外地对自我也具有价值。我们所讲的人生社会价值，指的是个人的人生能够满足社会需要而对社会具有的有用性。我们所说的人生自我价值，是在一定社会条件下个人自我认识、自我改造、自我发展的社会实践活动中，实际存在和实现的自己满足自己需要的肯定关系。在这里，人生的社会价值和人生的自我价值是统一的，不是完全对立的。但我们平时讲的人生价值，一般强调的是人的社会价值。

另一方面，人生价值是人生物质价值和人生精神价值的统一。作为人生价值的主体，无论是"社会"还是"自我"，都具有物质和精神两个方面的需要。因此，人生价值的两重性又进一步体现为物质价值和精神价值。人生的物质价值是指个人以其创造的物质财富和服务性劳动，满足社会和自我的需要，促进社会繁荣和发展。人生的物质价值不仅仅指个人和社会的物质消费价值，而且包括物质生产价值。人生的物质价值是社会赖以存在和发展的前提，也是人生价值的基础。人生精神价值，是个人以他创造的精神产品及其思想观念，道德情操等满足社会和自我的精神需要，促进社会精神文明的建设，满足人们精神生活的需求。人生精神价值是在人生物质价值的基础上产生和发展起来的，是人生价值不可少的重要方面。

总之，人生价值是一个具有丰富内容的概念，是由几层价值关系结构而成的。从人生价值的主体需求对象讲，分为物质价值和精神价值，从人生价值需要主体看，分为自我价值和社会价值。人生的社会价值和自我价值、人生的物质价值和精神价值是相互联系、辩证统一的。它们都是人的能动创造力实现的结晶，也是对人生目的和行为表现所做出的一种社会评价。正确认识和评价人生价值，是人类社会进化的重要杠杆，也是正确选择人生道路、实现人生价值的重要条件。

二、努力塑造理想人格

人类理想是理想社会和理想人格的统一。理想社会，包括对社会政治制度和政治结构的性质和特征的要求和设想，包含着对未来美好社会的基本面貌的预见，同时包含着对未来社会的理想人格的设计。中国共产党人为了实现社会主义理想社会，历来都高度重视社会主义理想人格的设计、培养和塑造。1949 年在革命的理想人格推动下，社会主义的人民共和国在我国变为现实。当前，培养和塑造社会主义建设的理想人格是进一步实现我国社会主义理想社会的重要条件。否认社会主义理想人格的价值，认为发展社会主义市场经济和培养、塑造理想人格格格不入的观点是极其错误的。

理想人格，是指在一定的社会制度和文化环境中，一定社会、一定阶级出于实现理想社会的需要，集中了人们的利益、要求和期望，反映了特定时代和阶级对其社会成员做人的基本方向和人格上的最高标准，并为人们所普遍肯定和推崇、反映民族文化精神，并且由国家所倡导和推广的人格模式。我国传统理想人格具有伦理化倾向，对理想人格的要求从"德"和"善"的层面提出，中国传统哲学精神的本质是道德精神，中国传统人伦关系深烙着伦理道德的印痕；现代西方工业社会的理想人格强调"智能"与"意志"因素而忽视道德因素。

科学意义上的理想人格由人的智慧力量、道德力量、情感力量、意志力量和审美力量所构成。智慧因素（力量）包括获取加工信息的能力、判断能力、批判能力、实践能力、创造能力，追求人格的智慧发达，是理想人格的内在要求。

意志因素（力量）。指人自觉地确定目的，并且支配行动以实现预期目的的心理过程，以及克服人的内心障碍的自制力和坚韧性。理想人格的意志力量是具有异乎寻常的挫折超越力，富于锐意进取和创新精神，独立自主奋发向上的精神，坚定信念始终不渝的精神。意志因素是理想人格的支柱和内在品质。

道德因素是理想人格的灵魂，它是个体对自己、他人、人类、自然以及存在本身的某种真诚态度和倾向性，以及关于这种真诚态度的体验能力和表达能力，是决定人格发展的重要因素。情感因素是指人们对一定社会、一定阶级的道德标准和原则的强烈的爱憎分明的情绪反映和情感态度，它是确定人格发展方向的重要因素。

1. 人格的含义

人格是构成一个人思想、情感及行为的特有模式，这个独特模式包含了一个人区别于他人的稳定而统一的心理品质。这一简单的人格定义，包含了许多的内涵，它反映了人格的多种本质特征。

（1）独特性

"人心不同，各如其面"，这句俗语为人格的独特性作了最好的诠释。一个人的人格是在遗传、成熟、环境、教育等先天后天因素的交互作用下形成的。不同的遗传环境、生存及教育环境，形成了各自独特的心理特点。例如，"固执性"这一人格特征，在不同人身上赋予了它不同的含义。作为娇生惯养、过度溺爱的结果，这种固执性带有"撒娇"的含义；而在冷淡疏离、艰难困苦的环境下形成起来的固执性，则带有"反抗"的含义。这种独特性说明了人格的千差万别，千姿百态。

（2）稳定性

俗话说："江山易改，本性难移。"一个人的某种人格特点一旦形成，就相对稳定下来了，要想改变它，是较为困难的事情。这种稳定性还表现在，人格特征在不同时空下表现出一致性的特点。例如，一位性格内向的大学生，他不仅在陌生人面前缄默不语，在老师面前少言寡语，而且在参与学生活动时也沉默寡言，甚至毕业几年后同学聚会时还是如此。

（3）统合性

人格是由多种成分构成的一个有机整体，具有内在的一致性，受自我意识的调控。当一个人的人格结构的各方面彼此和谐一致时，就会呈现出健康人格特征；否则，就会使人发生心理冲突，产生各种生活适应困难，甚至出现"分裂人格"。

（4）复杂性

鲁迅曾说："横眉冷对千夫指，俯首甘为孺子牛。"这句话说明了人的复杂，人的行为表现出多元化、多层面的特征。人格表现绝非静水一潭，各种人格结构的组合千变万化，而使人格的表现千姿百态。每个人的人格世界，并非由各种特征简单堆积起来的，而是如同宇宙世界一样，依照一定的内容、秩序、规则有机结合起来的一个运动系统。

（5）功能性

有一位先哲说过："一个人的性格就是他的命运。"人格是一个人生活成败、喜怒哀恨的根源。人格决定一个人的生活方式，甚至有时会决定一个人的命运。人们经常会使用人格特征来解释某人的言行及事件的原因。面对挫折与失败，坚强者发奋拼搏，懦弱者一蹶不振。面对悲痛，一些人可以将悲痛化为力量，而另一些人则表现为消沉。当人格具有功能性时，表现为健康而有力，支配着一个人的生活与成败；而当人格功能失调时，就会表现出软弱、无力、失控，甚至变态。

2.人格的培养

培养学生健全的人格和良好的个性心理品质，关注学生在学校的心理感受，引导学生积极的心理活动，减少学生不健康心理的产生，提高就业能力是学校实施各项教育活动的基础。

（1）重视良好习惯的养成教育

面对新的环境新的生活，许多人往往会自发地产生一种"重头来、好好干"的愿望，应抓住这个有利时机，在"新"字上做文章。最初主要是进行责任感和文明习惯、卫生习惯、学习习惯等各种行为习惯的养成教育，让学生明白自己所肩负的责任，同时发展个体品格，使学生具有一定的自我教育和自我管理的能力。这就要求老师进行学法指导，让学生很快适应学校的教学，并养成良好的学习习惯。良好习惯的养成会使学生终身受益，同时良好的习惯也会内化为素质，形成健康的人格。

（2）重视培养学生的奋斗精神，提高学生承受挫折的能力

现在的学生大多数出生在 20 世纪 90 年代，生活条件比较优越，没有经历过艰苦的日子，不知道创业的艰辛，承受挫折的能力差。一些学生花钱大手大脚，甚至追求时髦，比阔气，任意挥霍父母的钱财。

首先，要重视培养学生的奋斗精神，让学生去了解父母亲辛酸的创业史，了解他们艰辛的奋斗史，学会珍惜父母的劳动成果，激发学生对父母的责任感，从而培养他们对社会的责任感。教育学生正确看待挫折。一定的挫折能培养人坚强的意志，增强克服困难的毅力，提高对周围环境的适应能力。

其次，教育学生正确面对挫折。对待挫折正确的态度应该是面对失败的不屈性、面对厄运的刚毅性和面对困难的勇敢性，只有具备坚韧不拔的毅力，才能克服和战胜挫折。我们培养的是优秀的艺术设计人才，育人是我们的宗旨，只有让学生先成人，然后才能成才。有了奋斗精神，生活上就能够艰苦朴素；有了奋斗

精神，学习上就能够奋发进取。

（3）重视培养学生的合作精神、竞争精神。提高人际交往和社会适应能力，培养学生的合作精神

现代的社会，是竞争的社会。而现代意义上的竞争，离不开合作；成功的合作，常常有利于竞争中的高水平发挥。由于家长的娇生惯养和不良社会风气的影响，一些学生对他人和集体不够关心，合作意识淡薄，社会交往能力差。这引起我们足够的重视，教育学生加强个性修养要热情真诚，认识到集体主义所追求的目标一般体现为人生最高价值目标，一个人若脱离了集体，仅凭个人奋斗是不能实现这一目标的。从而提高学生关心集体，热爱集体的自觉性，增强合作意识。通过合作，达到共同进步的目的，让学生在老师鼓励期待中，同伴之间合作互助，小组之间开展竞争，发展个性，培养创新意识和实践能力，使每一位学生综合素质得以提高，最终达到"人人进步，人人成功"的目标。让学生认识到：只要合作就能成功，帮助别人就是帮助自己。此外，培养学生的合作能力，还可以有效地避免竞争所带来的负面效应，促进学生健康人格的发展。

（4）各科教学中渗透对学生的人格教育

由于艺术教育是一项综合施教的系统工程，实际上学校开设的各门艺术学科，各项艺术活动中都包含有人格教育的成分，教师设计教案时注重人格培养要素，直接借助课堂的讲授来教导价值观，就能增强教育活动的人格塑造力。在进行任何艺术设计课程的教学时都重视人格教育导向，使不同艺术科目的伦理道德内涵形成一个整体的人格教育体系，让一些似乎与人生无关的抽象课程具备人格内涵。老师针对人格教育因课制宜，因势利导，相继渗透，潜移默化。

（5）道德反省与化解矛盾

培育道德反省能力，使学生能够站在对方立场来思考问题，能够设身处地为他人着想，帮助他们进行自我评估，审视自己在道德上的长处和弱点，教导如何化解同学之间的矛盾也是人格教育的重要内容。矛盾不解决就会变成冲突，冲突很容易招致失去理智的行为，甚至发展成为性质更严重的事端。学习并实践化解矛盾、和解冲突，这需要调动人格中的许多优秀品质。在解决问题的指导过程中，鼓励学生不管谁对谁错，都要在整个事件中主动负起责任，想办法寻求和解以恢复正常关系，双方通过解决问题的实践来反省和纠正自己的毛病、缺点和错误，这样做需要多种美德，如谦逊、宽恕以及自我牺牲等等。化解矛盾、和解冲突的目的是培养学生以公正和平的方法解决纷争的能力。

美的事物是现象与本质、形式和内容的统一。人格美也是如此，它是内在美和外在美的统一，即心灵美、行为美、语言美和仪容美的和谐统一。而心灵美是人格美的核心。要达到内在美和外在美的和谐统一，塑造完美的理想人格，必须认识和处理好以下几种关系：

（1）行为美和心灵美的关系

行为是人类在认识和改造客观世界的社会实践中表现出来的有意识、有目的、自觉的能动活动。行为是意识的外化和表现形式。一个人的行为，是其道德意识、思想观点、文化水平的反映。人格有高下之分，行为也有美丑之别。美好的行为常常是高尚人格的写照，丑恶的行为则总是人格卑鄙者的表现，因此，要做到行为美，首先必须做到心灵美。反映人们心灵美的行为，就是美的行为。行为美在哪些方面可以表现出来？主要在个人与社会、集体和他人的关系上表现出来。

在个人与国家、集体的关系上，一切热爱祖国、忠于人民、有益于社会和人民群众的行为都是美的行为。如对艺术设计人员来说，为了艺术的发展，努力学习、工作，毫不吝惜地贡献自己的聪明才智和力量；维护祖国的尊严，不崇洋媚外，保持民族气节；讲究社会公德，自觉遵守公共秩序等行为都是心灵美在行为中的表现。

在个人与集体的关系上，行为美就是关心集体、遵守纪律、积极参加集体活动、维护集体荣誉等等。在人与人的关系上，行为美就是正直、友善，关心人、爱护人、帮助人，讲究文明礼貌。

在待人接物上，行为美就是要宽以待人、助人为乐、胸怀坦荡、尊重他人、珍惜友谊。在个人修养上，行为美就是严于律己、勤奋、上进、自觉、自重等等。这些行为美反映了人们的心灵美。

（2）语言美和心灵美的关系

语言是人们表达思想感情和进行交流的重要工具。语言是思想的外壳，人们的思想、品德、情操、志趣、文化素养以至人生观、世界观等，都可以通过语言得到一定的表现。

高尔基说："作为一种感人的力量，语言真正的美，产生于言辞的正确、明晰和动听。"语言可以表达一个人的心灵，"言为心声"就是这个道理，美的语言能表达美的心灵。

要做到语言美，首先必须努力提高自己的道德修养，塑造美好的心灵。一个思想空虚、品格低下、观念腐朽落后的人，即使在语言修辞上下了很多功夫，也只能助长卖弄辞藻、说假话、空话的恶劣作风。要做到语言美，还必须加强自身文化素养的提高和表达能力的锻炼、培养，力求做到语言简洁、明快、准确，并尽可能做到生动、流利、词汇丰富、幽默风趣、有感染力；语音和语调要清晰、优美、有节奏。要坚决杜绝粗话、脏话等不文明语言和说空话、假话的毛病。一个人如果缺乏语言方面的修养和应用能力，即使心灵很美，也不能准确地反映出来，在与人交流中会遇到很大的障碍。服务人员的职业特点决定了他们必须与人进行广泛的接触和交流，因此在加强艺术设计职业道德修养的同时，加强语言能力的锻炼，学会说话，是十分必要的。

（3）仪容美与心灵美的关系

仪容美包括形体美和服饰美。仪容美是外在美，心灵美是内在美。形体美和心灵美在特定情况下没有必然的联系，形体美的人不一定心灵美，心灵美的人也不一定具有完美的形体，这是因为形体有先天的一面。但是，形体也有后天的影响因素，即社会因素和个人修养，因为人的形体和人类社会发展有密切关系，现代人的形体是人类历史发展的结果。此外，一定时代、一定民族和一定阶级的审美观和经济发展状况，又会影响到人们如何去塑造自己的形体。所以，从人类社会的总体方面来看，形体美和心灵美也是一种表里关系。

社会主义的审美观，要求我们按照社会发展的需要来塑造自己的形体。为了适应建设祖国、改造客观世界的需要，为了更好地为人民服务，应将自己的形体塑造得健美洒脱，这本身也是心灵美的一种反映。服饰美不仅表现人的外在美，还体现着人的精神面貌。服饰美和心灵美之间的关系比形体美和心灵美之间的关系更密切。因为自从人类进入文明时代，衣服就不光具有御寒保暖的作用，而且具有了审美价值。在阶级社会里，服饰还是地位、等级、经济状况和职业分工等方面的特殊标志。在社会主义时代，服饰更具有审美价值，而且和心灵美发生了密切的联系。

服饰反映了一个人的道德修养、文化素养和审美情趣。

年轻人应力求做到心灵美和仪容美的和谐统一，要根据自己的生活环境、职业身份、经济条件、兴趣爱好以及身材、肤色等做到仪容美，既具有民族和时代的特征，又整洁、大方、朴素、和谐、得体。

我们追求内在美与外在美的统一，但人的心灵美和仪容美有时是矛盾的，因为有的人仪表堂堂或天生丽质，但内心却是自私卑微的；有的人外貌丑陋，却心地善良。对于这种情况，道德审美强调心灵精神之美，认为只要精神崇高、心灵美好，即使仪容不美，也会"诚于中而形于外"；相反，心灵丑恶的人，外貌再好，也引不起人的美感，一旦人们认识了其内心灵魂，其外在给人的美感便会顿时消失，代之以厌恶、鄙视、冷漠，因为心灵对人的审美起着更深层次的作用。

在塑造理想人格的过程中，塑造美的心灵是最重要的。如果我们能经常加强道德修养和不断提高审美素养，既注重心灵美的塑造，又讲究行为美、语言美、仪容美等外在美的雕琢，那么，我们将成为有很高职业道德水平，真、善、美和谐统一的人员；成为智商、情商和适应能力全面发展的复合型人才。

还须强调的是，一个人的优秀品德和完美人格不是自然形成的，不是与生俱来的"天赋品性"，也不是一蹴而就的，它要经历一个长期不断接受教育、学习、休养的过程。通向理想人格的主要途径就在于自我陶冶和在实践中不断地锻炼。

三、职业指导的含义

职业指导是随着经济社会和职业的发展应运而生的。《中国教育百科全书》中对"职业指导"是这样解释的:"职业指导,亦称职业咨询或就业指导,指根据社会职业需要针对人们的个人特点以及社会与家庭环境等条件,引导他们较为恰当地确定职业定向、选择劳动岗位或者转到新的职业领域的社会活动,是沟通求职者和用人单位、教育部门和社会的有效途径。目前我国的高校职业指导可以从以下几个方面来理解:

1.职业指导是一个教育过程,本质上属于思想教育的范畴,是学校教育的重要组成部分;

2.职业指导的目标是让学生学会设计、学会选择,实现人、职的科学匹配;

3.职业指导的内容是给予学生职业意识、职业理想和职业道德教育;

4.职业指导帮助学生了解职业信息,提供就业咨询和服务。

总之,职业指导就是帮助学生和社会求职者了解社会就业形势与当前就业状况,了解社会人才需求和有关人事与劳动政策法规,认识自己的职业兴趣、职业能力与个性特点的过程,运用职业评价分析、调查访谈、心理测量方法和手段,依据市场人才供求,按照求职择业者个人条件与求职意愿以及单位用人要求,提供咨询、指导和帮助,实现人职合理匹配的过程。

艺术类学生是一个特殊的群体。由于所学专业的特殊性,他们思维活跃、观察力强、富有想象力、个性张扬,不愿受条条框框所束缚。面对如此严峻的就业压力,职业生涯规划对艺术类大学生显得越来越重要。

一般而论,职业生涯规划就是个人结合自身情况,以及当前的制约因素为实现自己职业目标而确定的行动的方向、时间和方案;职业生涯规划教育就是引导学生在对其职业生涯的主客观条件进行测定、分析、总结和研究的基础上，确定其最佳职业奋斗目标，并为实现这一目标作出有效规划的教育活动。当前艺术类大学生职业生涯规划存在的不足有以下几点：

1. 我国职业生涯规划的普及滞后

西方的职业生涯规划教育强调"生涯"的概念。强调对人生的规划职业生涯规划教育贯穿于从幼儿园到大学，以及到社会的不同教育阶段。就大环境而言，我国现在所谓的职业生涯规划教育更多的是针对大学生的择业指导，具有明显的阶段性、季节性特点。学生进入大学之前的学习阶段的职业生涯规划教育基本处于空白，学生没有系统的职业生涯规划的概念。美国著名职业生涯理论的代表人物舒伯将职业生涯发展划分为五大阶段：成长阶段（0—14岁）、探索阶段（15—24岁）、建立阶段（25—44岁）、维持阶段（45—64岁）和退出阶段（65岁以上）。按照这一理论，大学期间属于职业生涯发展的探索阶段，职业生涯规划应贯穿于大学四年学习的全过程，而目前缺少持续性和全程性。

2. 队伍建设的滞后

目前社会上的专业职业规划师寥寥无几。据了解，美国1999年就有16万名职业规划师，平均5000人就有1个职业规划师。而我国已经取得职业指导师资格的仅1万多人，高级职业指导师不足400人。这说明我国职业指导师严重缺乏，远远不能满足需要。

3. 手段与方法单一化

目前职业生涯规划辅导的手段与方法单一。缺少专业的多样化的测评工具，以及能熟练使用测评工具的专业化师资。职业生涯规划对于我们来说，还是一个21世纪的新概念。但在西方发达国家，这一概念已经有了 50 余年的发展史。从职业兴趣、职业能力、职业环境、人职匹配理论、职业锚理论、职业生涯规划理论到职业生涯管理理论多方面综合看，职业生涯规划与管理的理论体系已经日趋成熟。这一理论在中国的普及和实践也得到了教育部门和各高校的重视，但限于起步较晚、师资匮乏，能够得到职业生涯规划教育指导的学生为数不是很多。笔者从事艺术设计教育工作，有幸在两年前接触职业生涯规划理论，并将这一理论与艺术设计人才培养结合起来，开设了艺术设计人才职业生涯规划课程，针对艺术设计专业特点，在教学上作了有益的尝试，既让职业生涯规划理论在艺术设计人才培养中得到充分的应用，也对该理论的行业化研究、实践作了较深入的探索。

在艺术设计教育中引入职业生涯规划课程，有着重要的现实意义。自改革开放以来，随着经济的飞速发展，设计市场不断扩大，全国一些综合院校纷纷开设艺术设计专业，艺术设计在校本科生已超过 30 万人，近年参加高考的艺术类学生均超百万人，其中 80% 报考设计类专业。在这些现象背后，我们要冷静地看到，中国艺术设计教育的质量是令人担忧的。

其中主要原因包括：

第一，设计专业的大量开设及高校扩招导致师生比有所下降，师资、教室及实验设备在一定程度上出现不足。

第二，各高校为了配备师资，在高水平师资紧缺的情况下，不得不从应届硕士生中聘任教师，其中一些教师缺乏实际设计工作经验和教学水平。

第三，艺术类考生的文化素质参差不齐，"考不上理科考文科，考不上文科考艺术"，这已经成为一些高中生及家长遵循的高考原则。仅有部分学生是真正出于爱好报读美术特长班，而一部分考生因文化课成绩不理想选择了艺术设计的学习道路，他们缺乏对设计职业的了解，更谈不上职业追求。

第四，目前国内的设计教育缺少与社会的交往，学生中尤其是一些低年级学生存在着行业认知不清、职业目标不明、专业兴趣不浓、学习态度缺乏主动性等问题。一些学生的学习限于应付，钻研动力不强，更没有主动了解市场的意识，自身能力无法和社会及企业的要求很好接轨。

以上弊端包括了师资及硬件条件的问题，同时也包括了学生自身因素的问题。前两者要靠教育部门和学校努力改善师资力量和办学条件，后两者则需要借助职业规划理论引导学生，使他们认知自身、认知职业、认知环境，树立职业目标，彻底改变专业选择的盲目性、职业选择的盲从性和学习行为的盲动性。

哈佛大学的一项长达25年的跟踪调查结果显示：3%拥有坚定、清晰且长远目标的人，几乎都成了社会各界的顶尖成功人士；10%有着清晰但短期目的的人大多生活在社会的中上层；60%有较模糊目标的人，几乎都生活在社会的中下层，仅能安稳地生活与工作；27%没有目标的人，几乎都生活在社会的最底层，生活很不如意，抱怨他人，抱怨社会。

近20年来，西方发达国家对职业生涯规划的普及推广，学习具有目的性、自主性和计划性，已经成为艺术设计专业学生的突出特点。几位在法国设计院校学习的中国留学生，就曾评价国外学生的最明显的特点：第一，明确的学习目的和方向。学校引导学生选择专业和就业方向，使学生在学习的过程中有很强的目的性，自己能够知道和规划未来的方向。第二，强烈的求知欲和动手能力。第三，积极主动的学习能力和自理能力。

所以，针对目前我国艺术设计教育的一些弊端，引入职业生涯规划课程的意义和目的就在于，运用职业规划理论，结合自身专长、专业特点和行业发展趋势，引导学生科学树立符合自己特点和理想的艺术设计职业目标、专业目标、学习目标，设计实施计划，形成自我实现的内在动力，自我养成独立自主的学习态度和学习方法，提高学习和成才的效率。

四、艺术设计职业伦理规划

1. 交往伦理

交往是人的存在方式与生活样式，人的社会性决定了人不能没有交往行为，不能脱离各种交往关系而存在。交往关系分为两类：一是人与客观事物打交道而与人发生间接的关系，二是与人打交道形成直接的交往关系，即主客关系与互主体关系。互主体关系由于涉及人类精神沟通问题而成为现代人关注的焦点。主体间通过相互交流、相互影响、相互作用、相互理解使彼此间的关系得到协调与优化。在日常生活中，一个主体孤立生存，进行独白是不可能的，交谈、讨论、辩论或商谈是不可避免的，任何人都必然参与一个最低量的不可抗拒的交往活动。从根本上说，所有的社会文化与生活样式都是以交往关系为基础的。[1]在人际交往当中，应当在如下四个方面提高自身的素养。我们所说的交往行为，主要是一些互动："社会合理化过程与其说实在潜在的生活世界结构中完成的，不如说是在公开的行为去向中完成的。"

237

---

① ［德］哈贝马斯：《交往行为理论》，上海人民出版社 2004 年版，第 320 页。

第一，礼仪、规范。

（1）语言文明规范。

用语要文雅谦逊，态度要诚恳亲切，语音要清楚自然。提倡讲普通话，不要讲粗话脏话，尽量少讲或不讲方言土语。

（2）仪表文明规范。

坐有坐相，行有行姿；举止要文雅，表情要自然大方；衣着要整洁端庄、优雅得体、协调适时，不要脏污不洁、破乱不整、穿戴失当、不伦不类。

（3）宴请文明规范。

赴宴要准时，因故不能参加要及时告知；礼道要周全，不要不修边幅、不拘小节；"吃相"要文雅，不要只顾自己埋头吃喝，旁若无人；饮酒要有度，不要强词硬劝、逞能狂饮。

（4）居住文明规范。

要保持居住安静，不要吵闹喧哗；要讲究居住卫生，不要乱扔乱倒废弃物；邻里之间要和睦相处、互相帮助，不要搬弄是非、闹不团结或见难不助；市区居民不要饲养家禽、家畜。

（5）乘客文明规范。

要排队上车，主动买票，不要拥挤抢上；要尊老爱幼，互谅互让，不要蛮横粗野，争位抢座；要讲究卫生，遵守规定，不要随意吸烟、随地吐痰和乱扔杂物。

（6）观众文明规范。

要准时入场，不要迟到，尽量不中途退场；要遵守场内规则，不要吸烟、随地吐痰和乱扔杂物；要保持安静，不要随意进出、乱起哄、吹口哨和鼓倒掌。

（7）旅游文明规范。

要爱护旅游景点设施，不要攀折花草树木和乱刻乱画；要讲究卫生，不要乱扔废弃物和随地大小便；要注意安全，不要随处吸烟和乱扔火种。

（8）卫生文明规范。

要讲个人卫生和家庭卫生，维护单位和公共场所卫生，不要乱扔乱倒乱贴乱画乱挂；要讲究饮食卫生，不要吃过期或不干净的食品；要注意保护环境，不要制造污染和破坏生态平衡。

（9）经商文明规范。

要热情主动，礼貌待人，不要冷横硬顶、以貌取人；要公平买卖，童叟无欺，不要以次充好，短斤少两；要遵纪守法，照章纳税，不要见利忘义，偷税漏税。

（10）购物文明规范。

购买商品时，对营业员要有礼貌，不要大声喊叫；营业员出差错时，要善意提醒，不要当面争吵；退换商品时，要讲清原因，不要强词夺理。

（11）走路行车文明规范。

要遵守交通规则，不要争道抢行、曲线竞驶或多人并行；要尊重行人，不要在人群中横冲直撞；行车不小心撞了别人，要主动下车道歉，如已致伤，应立即送往医院，严禁肇事逃跑；要有序停放车辆，不要乱停乱放。

（12）对待公物文明规范。

要维护公益设施，积极同盗窃、破坏行为作斗争；要爱护通信照明设施，不要拆卸和损坏；要爱护公园、路旁等处设置的雕塑、石桌和石凳等，不要刻画、涂抹和损坏；要爱护花草树木，不要践踏攀折。

（13）家庭关系文明规范。

夫妻之间要相互信任，相互谅解，不要相互猜忌，相互抱怨；要孝顺长者，严教子女，不要虐待老人，溺爱孩子；兄弟姐妹妯娌之间要和睦相处，求同存异，不要相互之间拨弄是非，闹不团结。

（14）处世为人文明规范。

要讲究职业道德，不要唯利是图，损人利己；要遵纪守法，不要鲁莽行事，打架斗殴；要宽以待人，乐于助人，善作好事；要光明磊落，不要诽谤他人，挑拨是非；要坦诚明理，不要言出无信，不讲道理；要正派公道，不要不讲原则，曲意逢迎。

（15）民风民俗文明规范。

提倡喜事新办、丧事简办、神事不办，反对铺张浪费、封建迷信；提倡健康有益的文化活动，禁止赌博和传播淫秽书刊、录相带；提倡晚婚晚育。

（16）接待客人文明规范。

迎客要主动热情，不要怠慢失礼；接待要礼貌有序，不要内外不分；交谈要真诚专注，不要心不在焉；送客要注意话别，不要厌烦草率。

（17）接挂电话文明规范。

要使用文明语言，不要讲粗话土话；要语句清晰简明，不要东扯西聊；要主动传呼转告，不要粗言推诿。

（18）参加集会文明规范。

要准时到会，不要无故迟到；要认真听讲，不要交头接耳或随意走动；要维护会场卫生，不要随地吐痰，乱扔纸屑。

（19）执行公务文明规范。

衣着要整洁，仪表要大方，态度要和蔼，语言要文明，处事要公道，办事要廉洁；不要衣冠不整，不要摆架子、耍威风，不要感情用事，不要以势压人，不要以权谋私。

（20）危难之际文明规范。

对违反道德的人和事，要主动说理劝阻，不要视而不见；当犯罪分子行凶作恶时，要挺身而出，敢于斗争，不要临危逃避；当他人处于危难时，要积极救助，不要袖手旁观。

（21）涉外礼仪文明规范。

接待外宾要热情友好，不卑不亢；与外宾交谈要注意分寸，内外有别，不要随意乱讲，泄露机密；公共场所遇见外宾要落落大方、文明礼貌，不要围观、尾随或指手画脚、评头论足。

第二，尊重、真诚。

（1）要理解他人，要善于站在他人的角度考虑问题。

（2）要真心体贴、关心他人。

（3）要尊重、爱护他人，尊重不是表面上的尊重，而是发自内心的感情。

（4）要信任他人，不要总是抱着怀疑的态度对待他人。

真实、真情和真诚是良好人际关系的法宝。在交往过程中，应做到待人真诚、自然，不装模作样、矫揉造作。待人真诚，就要敞开心扉，袒露情怀；就要敢讲真话，对于自己的缺点，也不藏着掖着。在交往中，能够做到举止言谈得体、大方，表情、动作、语调、用词自然，就会给对方好感。相反的话，就会给人一种虚假做作或是不沉稳的感觉。

第三，合作、沟通。

（1）要学会把自己塑造成一个能与人愉快合作的人。不要因为你与别人之间的矛盾影响事业的发展。

（2）要慎重批评。每个人都反感批评，如果要对别人批评，就必须有纯正的动机、选择恰当时机。如：先分析你们之间是否已经建立了足够的信任感。否则，你的见解再精辟也难让对方折服。

信任是交流的通道。对自己要发表的意见，最好先请第三人评判一下（当然第三人也是了解你们双方的人），防止自己的意见偏颇。

同时不要只批评而不赞美。要尽量把批评融于赞美之中，形成笑谈间的批评，使谈话气氛不至于严肃得紧张。尽量肯定对方的长处，帮助他发挥优势，使批评的内容正面化、积极化。

善意接受批评需要具备高尚的思想境界和很强的理解能力。"忠言逆耳"，作为管理者，在批评别人时，也要显示自己能坦然而善意地接受他人的批评。

（3）要自己开朗一点，说话要说与当时情景相关的话题，不要为了表现自己的外向而拼命说个不停，应该说些让对方同样感兴趣的话题，话题需要有启示性。

（4）说话做事都要有自信。面向对方要保持微笑，但不是勉强的笑。面对他人，不要怕说错什么做错什么。要勇敢尝试去跟他人沟通。

（5）在交谈过程中不可以拿别人的缺点开玩笑。在别人需要帮助时，热心帮助他人。尽量幽默一些，可以增加亲切度。

第四，宽容、理解。

宽容别人是对别人的理解，是一种放得下的大度，是一种与人为善的观念使然。同时，宽容自己并不是放纵自己，而是一种豁达、冷静与理智。

人应该学会宽容。多一些宽容就少一些心灵的隔膜；多一分宽容，就多一分理解，多一分信任，多一分友爱。

宽容就是在心理上接纳别人，理解别人的处事方法，尊重别人的处事原则。宽容是一种非凡的气度、宽广的胸怀，是对人对事的包容和接纳。宽容是一种高贵的品质、崇高的境界，是精神的成熟、心灵的丰盈。宽容是一种仁爱的光芒、无上的福分，是对别人的释怀，也是对自己的善待。

2. 精神伦理

1874年，英国伦理学家亨利·西季威克的《伦理学方法》一书出版。在这个"上个世纪末本世纪初英语世界中影响最大的道德哲学文献"中，西季威克提出并系统阐释了三个基本观点：

第一，所谓"伦理学方法"，就是确证和建构伦理精神的价值合理性的方法。

第二，存在三种基本的确证伦理精神的价值合理性的"伦理学方法"，即利己主义、直觉主义、功利主义。

这两个观点对日后伦理学的发展产生了巨大影响，这种影响表现在对"伦理学方法"的特殊理解，即所谓"伦理学方法"，不是建构伦理体系的方法，而是确证和建构人的伦理行为与伦理目的的价值合理性。简言之，是确证伦理精神的价值合理性的方法。"这样行动：你意志的准则始终能够同时用做普遍立法的原则"。[①] 在这里，康德要求任何经验准则必须有普遍有效性，他总是用先验形式来规范经验内容，普遍性的道德律令就成为立法形式。人的行为要成为道德的，在康德看来，就决定于这种行为能否成为普遍的自然准则而不自相矛盾。康德从其先验唯心主义立场出发，在《实践理性批判》中贯穿着这种"人为道德立法"的主体性哲学观念。康德认为实践理性是道德法则的源泉，它对意志的决定是通过道德法则的命令形式来做出的。这种形式的命

243

---

① 《康德实践理性批判》，韩水法译，商务印书馆1999年版，第31页。

令乃是直言式的，而非假言式的，这意味着它不以任何条件为前提，因而是无条件的，对每个人来说都是必然的，从而是客观有效的。之所以需要建立这样的道德法则来规范我们的行为，是由于人类除了具有纯粹理性与纯粹意志之外，还具有感觉官能以及非纯粹意志的活动，例如各种欲望。感官受外部物欲对象的刺激，追求的是享乐。这种追求影响到一般意志的活动，因而经常与纯粹的道德意志发生冲突，要解决这种问题，普遍立法是必要的。

人是目的。"你的行动，要把你自己人身中的人性和其他人身中的人性，在任何时候都同样看作是目的，永远不能只看作是手段。"① 在这里，康德认为人作为理性者的存在，本身就是目的。人的价值不是用利害功用所能计算和估价的，任何物质财富、珍宝贵器都不能与人的存在相比拟。只有当每个人都自己有自己的目的，而不把别人当作是工具，那么，每个人都是主人，每个人都有了自己的尊严，都有了自己的人格，人与人之间也就有了平等。

第三，意志自律。"每个有理性东西的意志的观念当作普遍立法的意志的观念。"② 在这里，康德认为人有一种"实践理性"，就是一种先天的不依赖于经验的道德意识，这种道德意识使个人可以按照自己的道德法则办事，不接受外来的控制，得到自由的、全面的发展，也就是所谓的"意志自由"。此外，康德还提到每一个人都应按照他自己得到的规律行事，他的动机只可求之于道德规律本身，不应当考虑到其他的因素，如快乐、幸福等

---

① 《康德道德形而上学原理》，苗力田译，上海人民出版社 2002 年版，第47 页。

② 《康德道德形而上学原理》，苗力田译，上海人民出版社 2002 年版，第49 页。

等。在西季威克的理解下，伦理精神的价值合理性，是方法的合理性；方法的合理性的核心，是价值选择和主体行为的程序的合理性，具体地说，是人们据以确定"应当"做什么或什么为"正当"的合理程序。

自《伦理学方法》出版以后，利己主义、直觉主义、功利主义在相当程度上被当作19世纪末、20世纪初伦理精神的价值合理性确证的三种最经典的方法。（《当代伦理精神的生态合理性》）

在艺术设计的过程中，应具备以下几点：

第一，勇敢、自信。

（1）勇敢。在艺术设计过程中，做你不敢做的事，一定要克服恐惧不要退缩。

（2）大胆。在艺术设计过程中应大胆构想，大胆创新。

（3）自信。找寻自己的优点。看看自己有什么与众不同之处，或自己具备哪些特长。要知道一个没有任何一技之长的人是永远自信不了的，就算自信也只是外表伪装的。

某种意义上讲，起码得自己相信自己，因为没有任何人比自己还相信自己。如果自己都否定自己，那么就更难让别人相信自己。可以通过学习来提升自己的底气，只有自己给自己机会，别人才会给你机会。

第二，积极、热忱。

想要使艺术设计得以顺利进行，就需要保持积极、热忱的态度。

（1）调高目标。

真正能激励你奋发向上的是：确立一个既宏伟又具体的远大目标。许多人惊奇发现，他们之所以达不到孜孜以求的目标，是因为他们的主要目标太小，而且太模糊，使自己失去主动力。如果主要目标不可以激发你的想象力，目标的实现就会遥遥无期。

（2）离开舒适区。

不断寻求挑战，体内就会发生奇妙的变化，从而获得新的动力和力量。但是，不要总想在自身之外寻开心。令你开心的事不在别处，就在你身上。因此，应找出自身的情绪高涨期用来不断激励自己。

（3）慎重择友。

对于那些不支持你目标的"朋友"要敬而远之。你所交往的人会改变你的生活。结交那些希望你快乐和成功的人，你在人生的路上将获得更多益处。对生活的热情具有感染力，因此同乐观的人为伴能让我们看到更多的人生希望。

（4）正视危机。

危机能激发我们竭尽全力。无视这种情况，我们往往会愚蠢地创造一种舒适的生活方式，使我们生活得风平浪静。当然，我们不必坐等危机或悲剧的到来，从内心挑战自我是我们生命力的源泉。

（5）精工细笔。

创造自我与绘制一幅巨幅画相同，不要怕精工细笔。如果把自己当作一幅正在创作中的杰作，你就会乐于从细微处做改变。一件小事做得与众不同，也会令你兴奋不已。总之，无论你有多么小的变化，点点都于你非常重要。

（6）敢于犯错。

有时我们不做一件事，是因为我们没有把握做好。我们感到"状态不佳"或精力不足时，往往会把必须做的事放在一边，或静等灵感的降临。不要怕犯错，有些事情一旦做起来就一定会乐在其中。

（7）加强排练。

先"排演"一场比你要面对的局面更复杂的战斗。如果手上有棘手活而自己又犹豫不决，不妨挑件更难的事先做。成功的真谛是：对自己越苛刻，生活对你越宽容；对自己越宽容，生活对你越苛刻。

（8）迎接恐惧。

世上最秘而不宣的体验是，战胜恐惧后迎来的是某种安全有益的东西。哪怕克服的是小小的恐惧，也会增强你对创造生活能力的信心。如果一味想避开恐惧，它们会对你穷追不舍。此时，最可怕的莫过于双眼一闭假装它们不存在。

（9）把握好情绪。

人开心的时候，体内就会发生奇妙的变化，从而获得新的动力和力量。但是，不要总想在自身之外寻开心。令你开心的事不在别处，就在你身上。因此，要找出自身的情绪高涨期用来不断激励自己。

第三，坚忍、毅力。

毅力既不是天生的，也不是说来就来的，它是人的一种习惯，是在人的实践活动中逐渐培养、发展起来的。毅力是一个心理因素，毅力的培养可以从以下几个方面进行。

（1）明确的目标，有助于产生顽强的毅力。

目标明确，人们的行动才会有方向，目标才会产生强大而又稳定的吸引力。

有些人虽然有财富的愿望，成就的愿望，但缺乏明确的目标来表达这种愿望，体现这种愿望，从而不能产生有效的吸引力，不能使思想、行动集中在固定的目标上，工作的效率很低，时间一长，很容易使人们丧失毅力，丧失信心。

另外，目标的价值大小，对毅力也很有关系。有的目标价值不大，甚至没有价值，人们就不可能有太大的心情、热情去做这件事。因此，对这样的事情也就很难有毅力。人们在做一件事情之前，一定要清楚一件事情价值的有无、大小。必须选择那些有价值，并且价值大，且有长远价值的事情。这样，人们才会对目标有热情，从而保证有毅力。有人对所确立的目标价值估计不足，匆忙干一件事情，但在干的过程中，却对所做的事情的价值产生怀疑，热情降低，精力不集中，思想不专注，工作深入不下去，没有太大进展，对完成这件事情没有足够的毅力。

（2）有组织地计划，可以产生毅力。

只有对目标制订出实施计划，人们才能按照计划行动，否则，对于目标，人们仍然是茫然的。有了计划，人们就会按照计划，先干什么，后干什么，在什么时间干什么事情。一切经过精心的计划，就会心中有数，有条不紊，工作才会有效率，人们才会对所干的事情有信心、有毅力。

（3）积极行动，产生毅力。

有了计划，人们就要积极行动，这就犹如登山，不要站着不动，不要为眼前的高山所吓倒，唯一可能做的事情是在选择如登山路径之后，就立即行动，只有行动才能缩短攀登者与山顶的距离。多走一步，就会多一份信心，就会多产生一份毅力。对待行动，要持这样一种心态，多走一步，就多一份成功的机会。因此，行动，不停地行动，才是最佳的选择。终日所思，不如一时所做。

（4）克服消极的心理因素，来保证毅力。

许多人很容易受消极心理因素的影响，如害怕失败带来财产的损失，害怕别人的批评。这些消极的心理因素会损害人们的毅力，使人们不再对他们的目标投入金钱、热情、精力、时间，甚至半途而废。

要努力克服消极心理因素，在这方面，可以与赞同自己的朋友结成同盟，来鼓励自己的积极心理，特别是信心，激发自己对目标的热情，保证自己有足够的毅力来实现目标。

（5）不怕失败。

失败是成功之母。有的人失败后，垂头丧气，一蹶不振，再也没有了奋斗的勇气，而有的人虽遭失败，却不气馁，从失败中吸取教训，继续奋战。失败可以把人的毅力锻炼得更加坚韧。

对毅力的培养，特别要注意习惯。在平常的生活中，要养成良好的习惯；一旦良好的习惯成为潜意识中的东西，那么，一切将出乎于心，出乎于自然，不会因为对目标的坚持不懈，而需要特别坚强的意志，忍受内心的煎熬。

总之，毅力是许多心理因素共同作用的结果，这些因素包括愿望，信心，明确的目标，有组织计划，行动，习惯，人生观等，任何一个环节做不好，都会影响毅力。毅力的强弱很大程度上决定了能否成功。

第四，自省、自谦

五、现代艺术设计要坚持以人为本，以市场为导向，与科技相结合

1.观念上由就业指导向生涯规划转变

生涯规划以自我了解、自我接受及自我发展为主。既强调职

业在人生发展中的重要地位，又关注学生的全面发展和终身发展，能通过激发艺术类大学生职业生涯发展的自主意识，树立正确的就业观，促使大学生理性地规划自身未来的发展，并努力在学习过程中自觉地提高就业能力和生涯管理能力。尽快做好从就业指导向生涯规划的转变，能帮助学生树立正确的职业观、价值观、择业观，增强长远规划的意识，培养职业规划的能力，使艺术类大学生在职业生涯过程中可以根据目标随时调整个人发展中的偏差，完善职业所需的素质，做出正确的抉择，自如地应对人生道路中的各种职业变动。

2. 加强艺术类大学生职业生涯规划体系建设

艺术类大学生职业生涯规划具有特殊性、连续性、前瞻性和系统性等特点，是一项系统性工程。因此，高校必须加强艺术类大学生职业生涯规划体系建设，才能从根本上做好这项工作。可以采取以下措施：加强艺术类大学生职业生涯规划队伍建设，因地制宜采取专兼职相结合的方法，通过灵活多样的组织培训和个人自由参加社会职业资格培训组成一个强有力的教学团队；加强艺术类大学生职业生涯规划课程建设，采用丰富多彩的具有艺术类特色的教学方式，形式多样化，更被艺术类学生所接受；加强艺术类大学生职业生涯规划咨询建设，包括心理辅导等，以减轻学生在学习、生活、人格等方面受困扰的程度，开展团体辅导和个别生涯辅导相结合，为艺术类大学生的生涯规划提供更具个性化的指导；加强艺术类大学生职业生涯规划测评建设，采用多样化的测评工具进行专业化的测评，加强艺术类大学生职业生涯规划的评估与反馈，生涯规划是长期动态的，要在实施中去检验去及时诊断生涯规划各个环节出现的问题，找出对策，对规划进行调整和完善；加强艺术类大学生职业生涯规划活动建设，等等。

3. 在个性化的前提下加强艺术类学生自身的综合素质建设

由于艺术类学生文化课较差，我们要加强学生文化素质教育，帮助学生提高艺术专业人才必备的基本能力，包括专业创作能力、语言表达能力、文字写作能力和组织协调能力等；引导学生多读书，读好书，扩大知识面，完善知识结构，提高思想水平，丰富内心世界。另外，要鼓励艺术专业学生个性化发展，面对艺术专业学生与众不同的个性特征，努力为他们建设一种全方位开放、自由民主、和谐宽松的成长环境。积极为学生的个性发展和完善提供条件，鼓励他们性格特点中积极的部分，保护好他们的好奇心、敏感性，并且予以积极引导，让他们发挥想象力，保持对新生事物的敏锐性，提高自身综合素质。

每个人的职业期望都有或大或小的变化，因此它又是一个动态变化的过程。对于个体来说，职业生涯规划的好坏必将影响整个生命历程。我们常常提到的成功与失败，不过是所设定目标的实现与否，目标是决定成败的关键。个体的人生目标是多样的：生活质量目标、职业发展目标、对外界影响力目标、人际环境等社会目标……

整个目标体系中的各因子之间相互交织影响，而职业发展目标在整个目标体系中居于中心位置，这个目标的实现与否，直接引起成就与挫折、愉快与不愉快的不同感受，影响着生命的质量。

对于个人职业生涯规划，在方法上需要注意以下要素：

（1）确定个体理想生存状态；

（2）了解个体各方面素质特征和大的不可改变的社会现实环境，修订理想状态为可行的目标；

（3）确定职业兴趣、理想职位和适宜工作氛围；

（4）确定达到理想职业的可行性路线，制定短、中、长期职业进程；

（5）确定目前状态和短期目标间的差距，寻找切入点，开始执行职业生涯规划；

（6）阶段性小结、反思，并对自己的职业生涯设计进行科学的修订。

艺术设计职业生涯规划是一项精密的工程，要做好这个工程，所需要的不仅仅是经验、学历、热情、责任，更需要严谨的思考、科学的方法体系、大量时间和精力的投入等等。

在职业生涯设计法体系上，大致形成了如下认识：

（1）对学生的个性特征、倾向性及发展潜能进行测定和评价；

（2）在了解学生综合素质的基础上，为学生制定职业发展规划，进行目标设定（短期目标、中期目标、长期目标和人生目标）等；

（3）经常性地与职业指导师、人力资源专家开展关于学生职业发展的谈话交流，评析案例，听取专家意见；

（4）开展基于学生个性的有针对性的培训开发，这些培训开发不仅限于技能训练和知识培训，更重要的是在职业层面的岗位实践活动，岗位工作与学生的职业发展应是一致的；

（5）关注职场信息，与人才市场等机构取得联系，了解各种职业信息及职业发展动态，如职业特征及职业要求，就业需求状况等。无论是个人还是企业，在进行职业生涯设计时，借鉴和听取职业生涯规划专家意见、与当事人密切沟通、了解外部本职外职场和社会环境等都是非常必要的。

实际上，我们在择业时比较科学理性的做法是：在开始找工作以前，应该首先对外界和自身的情况都进行一下全面了解和详细分析，进而初步确定自己的一个职业定位和发展方向，然后在找工作的过程中有意识地去寻找。从外界的角度讲，主要是当前的整体就业环境和就业趋势，各行各业的现状及发展前景，自己面临的一些就业机会，以及自己的家庭环境等因素；而从自身的角度讲，了解和分析的主要因素应该包括：

（1）我喜欢做什么（主要包括职业兴趣、职业价值观等）；

（2）我适合做什么（主要包括职业性格、气质、天赋才干、智商情商等）；

（3）我擅长做什么（主要包括职业能力倾向，比如言语表达、逻辑推理、数字运算等）；

（4）我能够做什么（主要包括自己掌握的的专业知识、技能和工作经验等）。

最后经过对以上因素的综合分析和权衡，来初步确定我们的职业定位和发展方向，并在就业过程中，按照自己的职业规划有意识地去寻找。

当然，对以上因素进行"分析和权衡"的基础，是我们对自己的职业兴趣、职业性格和能力倾向等都比较熟悉和了解。如果连我们自己也不是很清楚自己真正喜欢或适合做的工作，那么我们可以借助"职业测评"这个工具手段，来进一步发现和了解自己的职业兴趣、能力倾向等职业特征和发展潜能。

同时，以上要素只是我们在进行职业选择时应该重点考虑的几个方面，不能说哪个重要哪个不重要，每个人的情况都有所不同，每个人还要结合自己的实际情况具体考虑。同时需要说明的是，我们在就业时有意识地去寻找最适合自己的工作，并不是说不适合自己的工作就一定不能去做了，"先就业、再择业""先求生存、后图发展"的就业思想，在未来很长一段时间内，对大多数应届毕业生找工作都将具有战略指导意义，只是我们在择业过程中，如果在保证就业的大前提下，能够更加科学理性一些，无疑会更加有利于我们未来的成功。进行职业规划职业生涯规划时应充分考虑人、环境、职业与成功的事业生涯之间的关系。那么如何规划职业生涯呢？

下面具体谈谈艺术设计职业生涯规划应考虑的因素和步骤。

职业生涯规划是帮助艺术类就业人员了解、确定个人职业方向，做出相应设计和规划，提升大学生综合竞争力的重要途径。俗话说：志不立，天下无可成之事。立志是人生的起跑点，反映着一个人的理想、胸怀、情趣和价值观，所以，艺术设计专业人员在制定生涯规划时，首先要确立志向，这是制定职业生涯规划的关键，也是你的职业生涯规划中最重要的一点。

典型的职业生涯路线图是一个 V 形图（见图 6—1）。假如一个人 24 岁大学毕业参加工作，即 V 形图的起点是 24 岁。以起点向上发展，V 形图的左侧是行政管理路线，右侧是专业技术路线。将路线分成若干等分，每等分表示一个年龄段，并将专业技术的等级、行政职务的等级分别标在路线图上，作为自己的职业生涯目标。

其一，如何进行职业生涯路线选择

（1）确定志向。志向是事业成功的基本前提，没有志向，事业的成功也就无从谈起。俗话说：志不立，天下无可成之事。立志是人生的起跑点，反映着一个人的理想、胸怀、情趣和价值观，影响着一个人的奋斗目标及成就的大小。所以，在制定生涯

60岁

公司总经理55岁

片区项目经理

公司副经理50岁

片区项目副经理

分公司经理45岁

（项目经理、正科级）

分公司副经理40岁

项目副经理、副科级30岁

50岁（教授级高级职称）

40岁（高级职称、一级项目经理资质）

30岁（初级职称、三级项目经理资质）

24岁

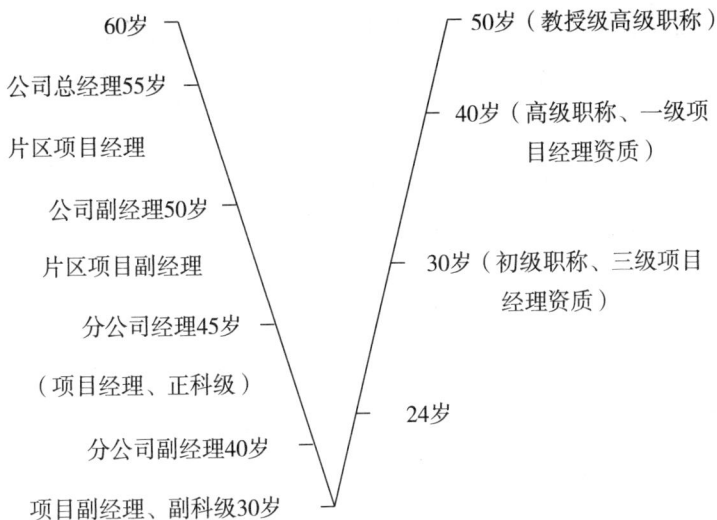

图6—1　职业生涯路线图

规划时，首先要确立志向，这是制定职业生涯规划的关键，也是你的职业生涯规划中最重要的一点。

（2）自我评估。自我评估的目的，是认识自己、了解自己。因为只有认识了自己，才能对自己的职业作出正确的选择，才能选定适合自己发展的职业生涯路线，才能对自己的职业生涯目标作出最佳抉择。自我评估包括自己的兴趣、特长、性格、学识、技能、智商、情商、思维方式、道德水准以及社会中的自我等等。

（3）职业生涯机会的评估。职业生涯机会的评估，主要是评估各种环境因素对自己职业生涯发展的影响，每一个人都处在一定的环境之中，离开了这个环境，便无法生存与成长。所以，在制定个人的职业生涯规划时，要分析环境条件的特点、环境的发展变化情况、自己与环境的关系、自己在这个环境中的地位、环境对自己提出的要求以及环境对自己有利的条件与不利的条件等等。只有对这些环境因素充分了解，才能做到在复杂的环境中避害趋利，使你的职业生涯规划具有实际意义。

其二，职业生涯规划的主要意义

（1）职业生涯规划，是指个人发展与组织发展相结合，对决定一个人职业生涯的主客观因素进行分析、总结和测定，确定一个人的事业奋斗目标，并选择实现这一事业目标的职业，编制相应的工作、教育和培训的行动计划，对每一步骤的时间、顺序和方向做出合理的安排。

（2）职业生涯规划的期限

职业生涯规划的期限，划分为短期规划、中期规划和长期规划。短期规划，为三年以内的规划，主要是确定近期目标，规划近期完成的任务。中期规划，一般为三年至五年，规划三年至五年内的目标与任务。长期规划，其规划时间是五年至十年，主要设定较长远的目标。

（3）职业生涯规划的特性

①可行性：规划要有事实依据，并非美好幻想或不着边的梦想，否则将会延误生涯良机。

②适时性：规划是预测未来的行动，确定将来的目标，因此各项主要活动，何时实施、何时完成，都应有时间和时序上的妥善安排，以作为检查行动的依据。

③适应性：规划未来的职业生涯目标，牵涉到多种可变因素，因此规划应有弹性，以增加其适应性。

④连续性：人生每个发展阶段应能持续连贯性衔接。

其三，职业生涯规划的理论基础

（1）理性决策理论。源于经济学的决策论在职业发展方面的应用，认为职业规划的目的在于培养和增进个体的决策能力或问题解决能力。

（2）职业发展理论。是指从发展的观点来探究职业选择的过程，研究个体职业行为、职业发展阶段和职业成熟的职业指导理论。

（3）心理发展理论。用心理分析的方法研究职业选择过程，认为职业选择的目的在于满足个人需要、促进个体发展。心理发展理论主张职业指导应着重自我功能的增强，因为如果个人的心理问题获得解决，那么包括职业选择在内的生活问题就会顺利完成而不需另行指导。

（4）入职匹配理论。认为每个人都有自己独特的能力模式和人格特质，而某种个性特质与某些特定的社会职业相关联。人人都有选择与其特质相适应的职业的机会，而人的特性是可以用客观手段加以测量的。职业指导就是要帮助个人寻找与其特性相一致的职业，以达到人与职业的合理匹配。

六、高校艺术设计教学"校企合作"强化"产、学、研"

设计不但与文化、经济相关联，而且还受很多潜在的因素影响，而这些潜在因素的主导者就是消费者，设计也是一个服务于大众的服务行业，所以设计无处不在，在当今社会中，人们也越来越强调人性化设计、绿色环保设计、可持续发展的设计等。试想，为何肯德基快餐店的生意能如此兴隆呢？我觉得答案就在于它人性化的设计，它适合当今人们快节奏的生活规律，诸如，它设有供孩子们娱乐的游乐设施，而这些设施无论从色彩还是形状以至健康安全方面都考虑得非常周全，还有婴儿车，可以让家长无忧无虑地进餐。再者，它非常合理地运用每一个角落空间，就算是身处角落也让你能身心愉悦地进餐，不仅给人带来了物质上的满足也带来了精神的愉悦。再者，从后现代家具设计可以非常直观地显现结构上体现的人性化关怀，1992 年斯杜姆夫和查德维克设计的"太空"扶手椅，能依据不同的工作条件来改变椅子的高度、扶手及椅背的角度，各种体型和重量的使用者都能在它身上找到自己合适的位置，坐得很舒服，同时，减轻了劳动给人带来的健康危害，减少颈椎和腰椎病的发生。2002 年举办的米兰家具博览会，全面展示了现代设计对人的关注，视觉造型上：简洁、明快；材料应用上：自然、环保；结构上：无论何种材料，何种产品，出现最多的是弧形曲线这一最贴合人体曲线的设计，充分满足人们坐、躺、卧时的最佳舒适度。而这种符合人体工程学的设计，在我们生活的各个领域（服装、日用品、小家电、公共设施、居住空间等）随处可见。

可见，在不同的设计领域，设计已从过去的功能的单一满足上升为对人的精神层面的关怀，并通过造型、色彩、材料过程等诸方面来实现与人的统一。文化与设计已充斥一切消费之中，一切市场消费都伴随着文化消费，设计在其中发挥着桥梁与催化剂的作用。

肯德基快餐店和后现代家具的人性化设计，被市场充分认可，让我们认识到市场经济条件下的现代艺术设计要坚持以人为本，不断服从于企业对市场开发的需求，设计思路要以市场意识为基础，使设计本身在充满丰富文化内涵的同时，为企业扩大影响，提高效益，同时也更大程度地满足人们的精神与物质的要求。放眼当今，设计已经走出只美观不实用的阶段，而且越来越科学，呈示出完美设计的特征，2001 年以清华大学美术学院为

肯德基餐厅内景

首的百所院校，提出科学与艺术相结合，科学、艺术、经济一体化的建设性意见。可见，现代艺术设计的发展趋势应该是走以人为本，以市场为导向，与科技相结合的道路。这次市场调查，通过对服装市场、家具市场、餐饮业市场的实地考察，通过对人们发出的一些问卷调查的分析，使我们对学校艺术设计专业的教学也有了一些思考和建议，高校艺术设计教学要走开放性教学之路，要让广大学生在市场中去学习，把握设计理念。我们认为：作为向社会培养和输送高素质设计人才的设计院校，其教学应该注重理论与实践相结合，不能停留在纸上谈兵，艺术设计作为一门非常实用的学科，在市场经济的社会条件下，更应贴近生活，让学生更多地了解大众的消费心理。在课程设置方面，我们认为有必要开设诸如市场营销学、市场调查学、消费心理学等一些相关学科，让学生从中广泛汲取营养，例如，何谓"从众现象"，

米兰家具博览会设计作品之一

米兰家具博览会设计作品之二

如果学过一些消费心理方面的知识，就不至于茫然了。从众现象表现为消费者往往自觉或不自觉地追随大多数消费者或是某一特定群体的消费行为，选择与他们一致的产品，这种因群体影响而遵照多数人消费行为的方式在"消费行为学"中被称为从众消费行为。例如，人们会选择市场上比较主流的产品品牌，会偏爱在人多的地方购物，会选择流行的产品款式和色彩等。从众现象对于消费者的消费行为能产生极其重要的影响，在一定程度上决定了产品及设计风格的走向，由此对产品的设计开发产生巨大的作用。在教学方式上可以走出课堂，深入市场进行实地教学，如环境艺术设计的许多课程就可以到施工工地上去参观考察，包装设计课的教学可以与企业挂钩，有针对性地为企业提交某种产品设计，在实战中提高学生的动手实践能力。另外，在教学计划方面应多安排一些生产实习、实践课，促使学生在实践中发现问题、解决问题，寻求灵感，创造价值。以此协调和丰富学生在课堂所学的理论知识，鼓励提倡师生一起动手做项目、搞开发。总之，艺术设计专业教学要大力突出学生的实践性，走开放性办学之路。希望艺术设计能日臻完美，设计院校能更科学化地设置课程，培养出更多更好的设计人才。

后　记

　　任何一门学问，都有其独特的价值，伦理学作为一门"系统研究各种道德的学问"也是如此。艺术作为人的、社会的艺术，它与道德、与文化有着极为密切的关系。艺术品在艺术市场中存在着极强的社会性，作为艺术管理中的重要环节，诸多游走于法律边缘与盲区的艺术生产活动和行为却不受法律手段的制约。正因如此，从伦理道德准则层面来规范、约束艺术市场，是艺术管理的一种必要方式和手段。

　　作为一名艺术设计教育从业者，有责任、有必要对这一领域进行研究。十年前，我便将其确定为自己的一个重点研究方向，用时三年对一些关于设计伦理学的前期研究进行了系统的整理，形成了《艺术设计伦理学》的初稿，并在2015年取得黑龙江省社会科学学术著作出版资助，在黑龙江人民出版社出版。转眼五年过去了，随着互联网、全球化对人们生活影响的加剧，人们的审美取向变化，设计与人的关系也发生了改变，在这样的背景下，结合近五年我对设计艺术伦理方面的进一步研究，在原书基础上，对艺术设计与伦理学的关系、设计的意义、设计的价值判断、设计师的职责与道德素质和设计定位等问题有了新的认识，重新整理和充实了内容，现将研究中所思所得形成文字，与读者进行分享。

在近十年对设计艺术伦理学的研究过程中，尹定邦教授和谢建明教授的学术思想给我方向，导师王中教授帮我把握方向，姜松荣教授给我启示，在此一并表示感谢！

王凯宏

2021 年元月

责任编辑：侯俊智
助理编辑：程　露
封面设计：关雪仑
责任校对：秦　婵

图书在版编目（CIP）数据

艺术设计伦理学 / 王凯宏 著 . —北京：人民出版社，2020.12
ISBN 978 - 7 - 01 - 022621 - 7

Ⅰ.①艺…　Ⅱ.①王…　Ⅲ.①艺术 - 设计 - 伦理学 - 研究
　Ⅳ.① J06

中国版本图书馆 CIP 数据核字（2020）第 214884 号

艺术设计伦理学

YISHU SHEJI LUNLIXUE

王凯宏　著

人民出版社 出版发行
（100706　北京市东城区隆福寺街 99 号）

廊坊市靓彩印刷有限公司印刷　新华书店经销

2020 年 12 月第 1 版　2020 年 12 月北京第 1 次印刷
开本：880 毫米 ×1230 毫米 1/32　印张：8.5
字数：200 千字

ISBN 978 - 7 - 01 - 022621 - 7　定价：35.00 元

邮购地址 100706　北京市东城区隆福寺街 99 号
人民东方图书销售中心　电话（010）65250042　65289539